PLOETZ – ARBEITSMATERIALIEN
Geschichte · Sozialkunde · Erdkunde

Totalitäre Herrschaft

Faschismus · Nationalsozialismus · Stalinismus

von

HANS-GEORG HERRNLEBEN

Verlag PLOETZ Freiburg/Würzburg

Ein Arbeitsmittel für den Kursunterricht in der Sekundarstufe II
Umschlagbild: Wachtturm und Stacheldrahtzaun des KZ Auschwitz (aus einer Bildserie „Tore des Todes" des polnischen Fotografen Adam Kaczkowski) – Foto dpa

ZWEITE AUFLAGE

Herstellung: Freiburger Graphische Betriebe 1980
ISBN 3-87640-110-0

INHALT

EINFÜHRUNG

1. Zur Auseinandersetzung mit Totalitarismus und Faschismus

„Ein Volk muß sich klar und bewußt darüber werden, daß es in weitem Umfang selbst sein Geschick formt. Es kann sich dessen aber nicht bewußt werden, wenn es seine Geschichte nicht kennt" (Bundeskanzler Adenauer in einer Rundfunkansprache aus Anlaß des zehnjährigen Bestehens der Bundesrepublik Deutschland, 20. 9. 1959).

Als die Wochenzeitung „Die Zeit" im Sommer 1976 junge Leute unter 20 Jahren fragte, ob man aus der Vergangenheit lernen könne, fielen die meisten der abgedruckten Antworten bejahend aus (**2**)*.

Darf dies als Zeichen der Bereitschaft der Jugendlichen gesehen werden, auch die historischen und politischen Ereignisse der ersten Hälfte des 20. Jahrhunderts als ihre eigene Epoche zu begreifen und darin eine der wesentlichen Voraussetzungen für das Verstehen der Gegenwart zu sehen? Die Beschäftigung mit den Ursachen, Erfolgsbedingungen und Strukturen totalitärer Herrschaft und des Faschismus bleibt nach wie vor aktuell (**1**), wenn auch geschichtliche Ereignisse sich unter einmaligen Bedingungen ereignen und nicht wiederholen. Um totalitäre und faschistische Elemente gegenwärtiger Formen von Herrschaft beurteilen zu können (**64**, **67**, **82**), muß man sie zuerst in ihren historischen Ausprägungen kennenlernen. Große Schwierigkeiten werfen dabei wegen der geringen zeitlichen Distanz die schwer zu ordnende Menge vielfältigen Quellenmaterials und zahlreicher Fakten auf, ferner die Mehrschichtigkeiten und gegenseitigen Abhängigkeiten menschlichen Handelns und der Ereignisse sowie deren kontroverse Beurteilung aus unterschiedlichen wissenschaftlichen oder politischen Positionen, so daß in vielen Fragen noch kein abschließendes Urteil möglich ist (was aber nicht heißen soll, daß man auf einen eigenen Standort verzichtet). Schließlich kann die Beschäftigung mit dieser Epoche auch zu der allgemeinen Einsicht führen, daß der einzelne einerseits Objekt des historischen Prozesses ist, es aber andererseits verschiedenste Einflußmöglichkeiten geben kann, als bestimmendes Subjekt die Geschichte handelnd mit zu beeinflussen.

2. Der Nationalsozialismus

2.1. Herrschaftssystem

Der amerikanische Journalist Hubert Renfro Knickerbocker bereiste das Deutsche Reich zu Beginn des Jahres 1932 im Auftrag der New York Evening

* Die im Text stehenden **(Zahlen)** verweisen auf die Nummern der Texte (im Teil „Materialien"), die sich speziell auf die betr. Passage dieser Einführung beziehen.

Post. Seine Eindrücke schildert er in dem Buch „Deutschland – so oder so“. Auf dem Titelbild erscheinen die politischen Symbole Hakenkreuz und Hammer und Sichel, womit der Autor seinen Lesern die Möglichkeit verdeutlichen möchte, daß das Deutschland des Jahres 1932 entweder nationalsozialistisch oder kommunistisch werden könnte (**3**). Welche Erfahrungen mögen einen ausländischen Beobachter jener Jahre zu einer solchen Beurteilung der deutschen Situation bewogen haben?

In der Tat befand sich – nach einer kurzen Stabilisierung in der Mitte der 20er Jahre – das Deutsche Reich zu Beginn der 30er Jahre in einer wirtschaftlichen und politischen Notlage. Die in den USA ausgebrochene Weltwirtschaftskrise der Zeit von 1929 bis 1933 traf den weitentwickelten und von Krediten abhängigen Industriestaat Deutschland besonders empfindlich. Die Folgen waren eine Verringerung des deutschen Nationaleinkommens um fast 40%, Produktionsrückgang, Konkurse, Massenarbeitslosigkeit, Verarmung, Hunger, Angst und soziales Elend. Die Deflationspolitik der Regierung Brüning (1930–32) traf durch drastische Sparmaßnahmen (z.B. Senkung der Löhne und Gehälter) gerade jene mittleren und unteren Bevölkerungsschichten, die schon 1923 unter der Inflation stark zu leiden hatten. Die Ursachen für die Krisen der Demokratie, den damit verbundenen Aufstieg der radikalen Parteien und das Scheitern der Weimarer Republik sind jedoch nicht allein im Bereich der Wirtschaft zu suchen, wenn auch die wirtschaftliche Entwicklung die politische Radikalisierung beschleunigte. Vielmehr sind dabei mannigfaltige politische, soziologische und psychologische Aspekte zu berücksichtigen. In der Forschung ist immer noch umstritten, welches Gewicht den jeweiligen Faktoren bei der Auflösung der Weimarer Demokratie beigemessen werden soll (vgl. Literaturverzeichnis). Forderungen nach einer Revision der als zu hart empfundenen Bestimmungen des Versailler Friedensvertrages (z.B. in bezug auf die Gebietsverluste, Reparationen, Feststellung der Kriegsschuld Deutschlands) konnten einer breiten öffentlichen Zustimmung sicher sein. Teile der Bevölkerung waren antirepublikanisch eingestellt, ein demokratisches Staatsbewußtsein war gegenüber einer starken monarchisch-konservativen Tradition nicht genügend entwickelt (vgl. die „neutrale“ Haltung der Reichswehr, der Beamten, Wissenschaftler und Industriellen zur Republik). Aus der Verfassung selbst erwuchsen der Weimarer Republik auch starke Belastungen durch das reine Verhältniswahlrecht, das die Parteienzersplitterung begünstigte, durch den Notstandsartikel 48 oder durch die mächtige Stellung des Reichspräsidenten. Zwischen den zunehmend erfolgreicheren rechts- und linksradikalen Parteien gerieten die demokratischen Parteien der Mitte immer mehr in die Minderheit. Wegen der einseitigen interessenpolitischen und schichtenspezifischen Bindungen kamen auch zwischen den demokratischen Parteien Koalitionen und Kompromisse immer sehr schwer zustande, was bereits sehr früh zur Handlungsunfähigkeit des Reichstages führte. In einer solchen Krisensituation und angesichts der Führungsschwäche der demokratischen Kräfte ließ sich ein großer Teil der Bevölkerung leicht von den „Patentlösungen“ beeinflussen, welche die radikalen Parteien anboten. Unter diesen war auch die NSDAP, die im Juli 1932 aus den Reichstagswahlen mit 230 Mandaten als stärkste Partei hervorging. Die 1919 in München als DAP gegründete Partei war nach dem „Führerprinzip“ aufgebaut (**12,13**) und wurde von Adolf Hitler geleitet. Nach einem mißlungenen Putsch in München (Nov. 1923) betonte Hitler nun, daß er auf legalem Wege zur Macht kommen wolle.

Seine politische Lehre baute auf wenigen, einfachen Grundeinsichten auf. Weder er noch Mussolini in Italien haben ein in sich geschlossenes System ihrer politischen Theorien entwickelt. Die Grundzüge der nationalsozialistischen Weltanschauung lassen sich dem 25-Punkte-Programm der NSDAP von 1920 (Hofer S. 28–31) und Hitlers „Mein Kampf“ (I:1925; II:1927) entnehmen. Diese Weltanschauung ist nationalistisch, antikapitalistisch, antimarxistisch, antiparlamentarisch und antisemitisch. Sie propagiert Rassenlehre, „Kampf ums Dasein“ und das „Recht des Stärkeren“. Da die „arische Herrenrasse“ durch das Judentum bedroht sei, forderte Hitler die Vernichtung der Juden, die als Sündenböcke für alle Übel der Welt verantwortlich gemacht wurden. Eine expansive Außenpolitik soll den für die Erhaltung der Rasse („Volk ohne Raum“) notwendigen, wirtschaftlich autarken Lebensraum sichern. Innenpolitisch wird ein mit starker Zentralgewalt ausgestatteter, autoritärer Führerstaat angestrebt (vgl. **5**). Viele Forderungen blieben jedoch vage, wurden bewußt offengelassen oder sprachen mehr das Gefühl als den Verstand an. Auf diese Weise konnte die NSDAP die verschiedensten gesellschaftlichen Gruppen ansprechen: selbständige Gewerbetreibende, Angestellte, Beamte, Bauern, Arbeiter und Soldaten (**7**), alle, die sich durch die Krise deklassiert bzw. durch die Entwicklung der modernen Industriegesellschaft in ihrer Existenz bedroht fühlten. Ob und in welcher Weise die NSDAP durch das „Großkapital“ unterstützt wurde, wird heftig und kontrovers diskutiert (**6**, **10**, **31**, **75**, **76**).

Im Dezember 1932 scheiterte der Versuch des Reichskanzlers Schleicher, die NSDAP zu spalten und ein Bündnis der Regierung mit den Gewerkschaften zu arrangieren. Der Konservative Franz von Papen vereinbarte Anfang Januar 1933 mit Hitler die Bildung einer Koalitionsregierung. Papen hoffte, als Vizekanzler dieser neuen Regierung zusammen mit den anderen konservativen Ministern den Reichskanzler Hitler „einrahmen“ und dessen Bewegung kontrollieren zu können. Schließlich wurde auch Reichspräsident von Hindenburg zu dieser Lösung überredet und ernannte am 30. 1. 1933 Hitler zum Reichskanzler. Wenn auch der äußeren Form nach Hitler an diesem Tag völlig legal zur Macht gekommen war, so widersprach es ganz sicher dem Sinn der Weimarer Verfassung, daß ihr geschworener Feind an die Spitze des Reichs gestellt wurde (Bracher).

Der neuen Regierung gehörten nur drei Nationalsozialisten an, die aber wichtige Machtpositionen einnahmen (Reichskanzler Hitler, Reichsinnenminister Frick, Minister ohne Geschäftsbereich Göring, seit 11. 4. 33 Preuß. Ministerpräsident und bis 1. 5. 34 auch Innenminister); dies nutzten sie sofort entschlossen dazu aus, ihre konservativen Partner zu überspielen, ihre Macht zu festigen und auszubauen. Im Verlauf der nächsten 1 1/2 Jahre wurde schrittweise der NS-Staat konsolidiert und der Führerstaat gebildet (**11**). Der Reichstagsbrand vom 27. 2. 33 gab der NSDAP Gelegenheit, mit Terrormaßnahmen gegen politische Gegner vorzugehen. Die „Verordnung des Reichspräsidenten zum Schutz von

Volk und Staat" vom 28.2.33 (Hofer S. 53/54) setzte unter Berufung auf Artikel 48 WRV (Weimarer Reichs-Verfassung) Grundrechte außer Kraft. Das „Gesetz zur Behebung der Not von Volk und Staat" (Ermächtigungsgesetz) vom 24.3.33 (Hofer S. 57) gab der Regierung die Möglichkeit, selbst Gesetze zu erlassen, die sogar von der Verfassung abweichen konnten. Dies blieben die juristischen Grundlagen der Herrschaft Hitlers, die bis 1945 nicht mehr aufgehoben wurden und somit einen permanenten Ausnahmezustand schufen. Der Artikel 48 wurde ad absurdum geführt, da er nicht mehr zum Schutz der Verfassung, sondern zu ihrer Beseitigung verwendet wurde. Hand in Hand mit der politischen Machtergreifung vollzog sich die „Gleichschaltung" des gesamten öffentlichen Lebens im Sinne der nationalsozialistischen Weltanschauung und der Durchsetzung des Führerprinzips in allen Lebensbereichen. Nach Auflösung und Verbot der anderen politischen Parteien konnte Hitler am 14.7.33 durch Gesetz verkünden lassen, daß in Deutschland nunmehr als einzige politische Partei die NSDAP bestehe (Hofer S. 61). Nach dem Tod Hindenburgs (2.8.1934) übernahm Hitler das Amt des Reichspräsidenten, und die Reichswehr wurde von jetzt an auf die Person des „Führers und Reichskanzlers" Adolf Hitler vereidigt (Hofer S. 70/71). Die Eigenständigkeit der Länder wurde aufgehoben, der Reichsrat aufgelöst, der Föderalismus beseitigt und damit der nationale Einheitsstaat ermöglicht. Durch ein differenziertes System von Verpflichtungen, Überwachungen und Organisationen für jede Alters-, Berufs- und Interessengruppe griff man auch in das Privatleben jedes einzelnen ein zum Zweck der Bildung einer zentralisierten und total erfaßten Volksgemeinschaft.

Am 30.6.1934 wurde die innerparteiliche Opposition der SA (Ernst Röhm), die eine sozialistische „zweite Revolution" und Verschmelzung von Reichswehr und SA plante, gewaltsam beseitigt, so daß Hitler keine Rivalen mehr hatte. Die Ermordung von SA-Führern und anderen politischen Gegnern wurde hinterher als „Staatsnotwehr" für Rechtens erklärt. Hitler bezeichnete sich als „des deutschen Volkes oberster Gerichtsherr", sein Wille war fortan Gesetz. Die SS wurde zu einer selbständigen Organisation der NSDAP erhoben und entwickelte sich zu *dem* Herrschaftsinstrument der NS-Diktatur. Während der „Führer" mit höchster Autorität als „Vereinigung aller hoheitlichen Gewalt" (E. R. Huber) ausgestattet an der Spitze aller Institutionen der Partei und des Staates stand, war freilich für den Aufbau des nationalsozialistischen Herrschaftsapparates ein verwirrendes Nebeneinander von sich zum Teil überschneidenden Organisationen, Ämtern und Kompetenzen in Staat und Partei kennzeichnend (**12–14**). Es ist nicht klar, ob Hitler dabei planvoll handelte und diese innere Widersprüchlichkeit von ihm beabsichtigt war (H. Mommsen).

Im Zusammenhang mit der Gleichschaltung setzten die Nationalsozialisten ihre Ziele auch im Bereich des geistigen und kulturellen Lebens in die Tat um. Sämtliche Bereiche von Kunst und Kultur wurden der Reichskulturkammer unter Vorsitz des Reichsministers für Volksaufklärung und Propaganda (Goebbels) unterstellt. Werke „unerwünschter Künstler" wurden als „entartete Kunst" lächerlich gemacht und verboten, Bücher und Bilder öffentlich verbrannt. Dem Rassegedanken entsprechend, durften Juden nicht mehr künstlerisch oder wissenschaftlich tätig sein. Viele Künstler kamen in Konzentrationslager, wählten den Freitod oder verließen Deutschland. Der kulturellen Blütezeit der Weimarer Republik war damit ein Ende bereitet. Ganz bewußt und gezielt bediente man sich für die Verbreitung der nationalsozialistischen Ideologie, die Beeinflussung von Meinungen und Verhaltensweisen und die Erziehung des Volkes der Presse, des Rundfunks (Volksempfänger) und des Filmes (**15–17**). Die Presse war weitestgehend gleichgeschaltet, das Informationsmonopol lag in den Händen des staatlichen Nachrichtenbüros (DNB). Als psychologisches Beeinflussungsmittel sind die effektvoll inszenierten Massenveranstaltungen nicht zu unterschätzen, die den einzelnen emotional ansprachen und ein Gruppenzusammengehörigkeitsgefühl bewirkten.

2.2. Gesellschaft

Nicht nur durch die Propaganda sollte der einzelne erfaßt und verfügbar gemacht werden, sondern von Jugend auf auch durch eine dauernde und umfassende Erziehung zum Nationalsozialismus. Den Schulen wurde als Bildungsziel in erster Linie „das Heranzüchten kerngesunder Körper" und nicht das „Einpumpen bloßen Wissens" aufgetragen (**20**). Neben das öffentliche Schulwesen traten neue, parteieigene Schultypen, die den Führungsnachwuchs ausbilden sollten. Unter dem Reichsjugendführer Baldur von Schirach vereinigte die Hitler-Jugend (HJ) als Zwangsorganisation alle jungen Deutschen zwischen 10 und 18 Jahren und hatte neben Elternhaus und Schule die Aufgabe, die deutsche Jugend „körperlich, geistig und sittlich im Geiste des Nationalsozialismus zum Dienst am Volk und zur Volksgemeinschaft zu erziehen" (**21**). Der Mißbrauch dieser „Staatsjugend" im 2. Weltkrieg, als man zu Kriegsende Kinder aus den Reihen der HJ noch in den Kämpfen einsetzte, ist eines der düstersten Kapitel der Geschichte des nationalsozialistischen Regimes. „Du bist nichts, Dein Volk ist alles" war eines der typischen Schlagworte dieses Regimes. Dem „Führer" war unbedingter Gehorsam, dem Staat gegenüber unbedingte Opferbereitschaft entgegenzubringen. Andersdenkende wurden verfolgt, die Menschenrechte wurden brutal mißachtet. Auffallend war die völlige Uniformierung und Militarisierung des öffentlichen Lebens. Gab es Möglichkeiten, sich dem totalen Verfügungsanspruch der Nationalsozialisten zu widersetzen? Einige der politischen Flüsterwitze sind im **Text 25** abgedruckt als Beispiele für die „Zuflucht der unter die Diktatur Gebeugten, dieses Hilfsmittel und Ventil des Widerstandes der Schwachen" (Gamm). Das politische Kabarett drückte auf seine Weise die Abneigung gegen das Regime aus (**23**). **Text 22** führt aber auch zu der Überlegung, wieso Hitler bejubelt wurde und ob und warum ein großer Teil der deutschen Bevölkerung bis in die ersten Kriegsjahre hinein mit der Regierung zufrieden war und warum es bis dahin der Widerstand so schwer hatte, Verständnis und Unterstützung zu finden. Neben der Angst vor Terror und Verfolgung und der Gleichgültigkeit vor dem Schicksal der anderen Menschen kann vielleicht noch eine dritte Haltung den Erfolg der Nationalsozialisten erklären, nämlich die des apolitischen „Spießers" (H. Arendt), der nur an privatem Glück und Wohlergehen interessiert war und den sich das Regime zu seinem Komplizen machte, weil er bereit war, um der Pension, der Lebensversicherung, der gesicherten Existenz von Frau und Kindern willen, Gesinnung, Ehre und menschliche Würde preiszugeben.

Der nationalsozialistische Staat konnte keine unabhängigen Kirchen neben sich zulassen: „Wir werden niemals dulden, daß im völkischen Staat sich irgend etwas über die Autorität dieses völkischen Staates stellt. Es mag dies sein, was es sein will, auch keine Kirche[...] Über den deutschen Menschen im Jenseits mögen die Kirchen verfügen, über den Menschen im Diesseits die deutsche Nation durch ihre Führer" (Hitler vor Gauleitern am 23. 11. 1937 in Sonthofen). Einen offenen Kampf gegen die Kirchen hielt Hitler für unklug, er dämmte jedoch ihren Einfluß ein. Geschickt taktierend und dem Beispiel Mussolinis (Lateranverträge 1929) folgend, schloß die Reichsregierung im Juli 1933 das Konkordat mit dem Vatikan. Es garantierte der katholischen Kirche volle Freiheit in der Ausübung ihrer seelsorgerischen Tätigkeit, allerdings unter Verzicht auf politische Betätigung. Zu einer förmlichen Gleichschaltung der katholischen Kirche kam es nicht, doch hielten die Nationalsozialisten sich nicht an die Bestimmungen des Konkordats. Von kirchlicher Seite wurden die Einführung des Nationalsozialismus als „Religionsersatz", der Führerkult, pseudoreligiöse Elemente in der politischen Symbolik, die Vergötterung von Rasse, Volk oder Staat als unchristlich abgelehnt. In der evangelischen Kirche wirkte noch sehr stark die lutherische Tradition, die Gehorsam gegenüber der staatlichen Obrigkeit forderte. Bereits 1932 entstand die von der NSDAP unterstützte „Glaubensbewegung Deutsche Christen", welche die landeskirchlichen Spaltungen überwinden, eine einheitliche deutsche evangelische Kirche bilden und eine hitlerhörige Kirche aufbauen wollte. Eine größere Zahl evangelischer Pfarrer widersetzte sich diesen Plänen. Aus dem Ende 1933 von Martin Niemöller gegründeten Pfarrer-Notbund ging die Gegenbewegung der Bekennenden Kirche hervor, die mit dem Nationalsozialismus in Konflikt geriet. Motiviert durch den Kampf um die Bewahrung des Glaubens, den Krieg, die Verfolgung der Juden und die Vernichtung sogenannten „lebensunwerten Lebens" nahm eine wachsende Zahl von Christen aktiv an der Widerstandsbewegung teil.

Füt Hitler waren die Juden die Urheber von allem Bösen und Schlechten in der Welt. Der Antisemitismus besaß in Europa schon eine lange Tradition, doch Hitler führte mit allen Mitteln des modernen Machtstaats einen fanatischen Kampf gegen die Juden. Im Laufe der Zeit wurden die antijüdischen Maßnahmen verschärft. In den Jahren von 1933 bis 1935 waren es einzelne Boykottaktionen gegen jüdische Geschäfte, Rechtsanwälte, Ärzte und Professoren. Im Herbst 1935 griffen die „Nürnberger Gesetze" hart in das Privatleben der Juden ein. Sie wurden zu Bürgern minderen Rechts erniedrigt. Das „Blutschutzgesetz" sollte Eheschließungen zwischen Deutschen und Juden verhindern. Ein Attentat auf einen deutschen Botschaftsangehörigen in Paris durch einen jungen Juden gab den Anlaß zu organisierten Pogromen im gesamten Deutschen Reich (9./10. 11. 1938 „Kristallnacht"), wobei Synagogen und jüdische Geschäfte zerstört wurden. Während des 2. Weltkrieges steigerte sich das Leidensschicksal der Juden zu einer Tragödie, die jegliche Vorstellungskraft übersteigt. Mit dem Ziel einer Eroberung neuen Lebensraumes im Osten ging die weitgehende Ausrottung der europäischen Juden einher. Der Name des Vernichtungslagers

Auschwitz wird für immer das Symbol dieser Verbrechen gegen die Menschlichkeit bleiben (**1**).

Weder Verbote noch Terror und Propaganda konnten verhindern, daß Tausende von Deutschen Widerstand gegen das System leisteten. Die Gegner des Nationalsozialismus gehörten zu den verschiedensten gesellschaftlichen, politischen und weltanschaulichen Gruppierungen. Aktive Widerstandsbewegungen bildeten Militärs, Politiker, Diplomaten, Gewerkschaftler, der „Kreisauer Kreis" (Gruppe um H. Graf von Moltke), die „Weiße Rose" (Studenten und Professoren in München), die „Rote Kapelle" und christlich geprägte Gruppen. In bezug auf die Art ihrer Widerstandsaktivitäten, ihre Motive und Ziele unterschieden sich diese Bewegungen sehr voneinander. Gemeinsam war ihnen die Ablehnung des Hitler-Regimes, doch ihre politischen Vorstellungen für die Zeit nach der erhofften Beseitigung des Nationalsozialismus gingen weit auseinander, was eine Zusammenarbeit zwischen ihnen erschwerte. Durch den allseitigen Überwachungsapparat behindert, konnte sich der Widerstand auch nicht zu einer Massenbewegung entwickeln, sondern er betätigte sich in vielfältigen Einzel- und Gruppenaktionen. Zeitweise war es schwierig, den Widerstand überhaupt zu organisieren angesichts der äußeren Erfolge des Systems, wie beispielsweise der Stabilisierung der Wirtschaft, der außenpolitischen Triumphe oder der ersten militärischen Eroberungen. Nach Stalingrad gewann der Widerstand der Militärs besondere Bedeutung (20. 7. 1944) (**26**,**27**). Eine große Anzahl von politisch, rassisch oder religiös Verfolgten verließ die vom Nationalsozialismus beherrschten Länder und fand Aufnahme in Großbritannien, Schweden oder Übersee (äußere Emigration). Für die in Deutschland verbliebenen Gegner des Hitler-Regimes kam der Ausdruck „innere Emigration" auf.

2.3. Wirtschaft

In der Denkschrift zum Vierjahresplan stellte Hitler 1936 folgende Aufgabe: „1. Die Deutsche Armee muß in 4 Jahren einsatzfähig sein. 2. Die deutsche Wirtschaft muß in 4 Jahren kriegsfähig sein" (Hofer S. 84–86). Dieses Ziel wurde nur bedingt erreicht (**30**). Nach der Machtergreifung kam es zunächst auf eine möglichst schnelle Verringerung der Zahl der Arbeitslosen an, was durch staatlichen Dirigismus vor allem mit Hilfe großer öffentlicher Arbeitsaufträge und des Reichsarbeitsdienstes erreicht wurde. Immer mehr stand das wirtschaftliche Leben im Zeichen der umfassenden militärischen Aufrüstung, der Vorbereitung auf den Krieg auf Kosten des bescheiden bleibenden Lebensstandards der Bevölkerung („Kanonen statt Butter"). Die nötigen Geldmittel beschaffte sich der Staat durch Wechsel, Anleihen und Druck von Papiergeld, wodurch die Reichsschulden gewaltig anstiegen. Der Lohn- und Preisstopp und der Krieg verschleierten zunächst die eintretende Inflation. Erst die Währungsreform von 1948 brachte die notwendig gewordene Neuordnung (**32–35**). Die nationalsozialistische Wirtschaftspolitik erstrebte die wirtschaftliche Autarkie im Bereich der Ernährung (Förderung, aber auch starke Reglementierung des „Reichsnährstandes") (**28**) und der Rohstoffproduktion (**35**). Es fehlten jedoch Devisen und Rohstoffe, ein Mangel, der mit steigender Rüstungsproduktion immer größere Schwierigkeiten bereitete. Während die deutsche Wirtschaft die gestellten Kriegsvorbereitungsaufgaben nicht erfüllen konnte, war es Hitler 1939 angesichts des drohenden finanziellen Zusammenbruches klar, daß er bald den Krieg beginnen mußte. Entgegen einigen wirtschaftspolitischen Forderungen des 25-Punkte-Programms blieben die Eigentumsverhältnisse in der Wirtschaft weitgehend unangetastet. Die privatwirtschaftliche Struktur blieb erhalten, wohl aber wurden Investitionen, Verbrauch und Arbeitsmarkt staatlich gelenkt und kontrolliert. Im Zusammenhang mit der Gleichschaltung wurden Gewerkschaften und Unternehmerverbände aufgelöst und 1934 gemeinsam der Deutschen Arbeitsfront (Hofer S. 87) eingegliedert.

Um Deutschland ungestört aufrüsten und kriegsbereit machen zu können, tarnte Hitler in den Jahren nach 1933 nach außen seine Absichten. Er betonte seinen Friedenswillen und betrieb eine Politik der friedlichen Revision des Versailler Vertrages, wobei auch ausländische Politiker für Deutschlands Wunsch nach Selbstbestimmung und Gleichberechtigung Verständnis zeigten (z.B. Appeasement-Politik). Es war aber offensichtlich, daß seine außenpolitischen Ziele nur durch Expansionspolitik und Krieg zu realisieren waren. Als dieses imperialistische Programm durch den 2. Weltkrieg verwirklicht werden sollte, waren die wirtschaftlichen und militärischen Möglichkeiten Deutschlands bald erschöpft. Die alliierte Forderung nach bedingungsloser Kapitulation wurde im Februar 1943 von Goebbels mit der Proklamierung des „totalen Krieges“ beantwortet, der dann schließlich im Mai 1945 mit der totalen Niederlage Deutschlands endete.

2.4. Bilanz

Ist nun dieser 8. Mai 1945 für uns Deutsche ein Tag der Trauer über die bedingungslose Kapitulation und Niederlage oder eher ein Tag der Freude über die Befreiung und die damit gebotene Möglichkeit einer Wiederherstellung des Rechtsstaates und eines Neubeginns in einer freiheitlichen Demokratie? Die Bilanz des Nationalsozialismus war erschreckend (**36**). Viele Fragen sind bis heute noch offen: Kann die Machtergreifung von 1933 auf Ursachen zurückgeführt werden, die noch heute wirksam sind? Ist mit dem Nationalsozialismus auch das entsprechende Gedankengut untergegangen? Hat eine wirkliche „Bewältigung der Vergangenheit“ stattgefunden? Gibt es eine „Kollektivschuld“ des deutschen Volkes? Wurde in den Prozessen gegen führende Nationalsozialisten (z.B. Nürnberg 1945/46) Recht gesprochen oder Rache geübt? Welche Rolle spielen einzelne Persönlichkeiten in der Geschichte? Ist es so, wie J. Burckhardt schrieb: „Die Geschichte liebt es zuweilen, sich auf einmal in einem Menschen zu verdichten, welchem hierauf die Welt gehorcht“ (nach Fest S. 22)? Oder hat A. Thalheimer recht: „Sind die sozialen und politischen Bedingungen sonst dafür bereit, so genügt[...] die ordinärste Blechfigur“ (Handbuch Politischer Theorien S. 472)?

Folgen wir abschließend noch Joachim Fest bei einem gedanklichen Experiment über Hitler und die historische Größe: „Wenn Hitler Ende 1938 einem Attentat zum Opfer gefallen wäre, würden nur wenige zögern, ihn einen der größten Staatsmänner der Deutschen, vielleicht den Vollender ihrer Geschichte, zu nennen. Die aggressiven Reden und ‚Mein Kampf', der Antisemitismus und das Weltherrschaftskonzept wären vermutlich als Phantasiewerk früher Jahre in die Vergessenheit geraten und nur gelegentlich einer ungehaltenen Nation von ihren Kritikern zum Bewußtsein gebracht worden. Sechseinhalb Jahre trennten Hitler von diesem Ruhm. Gewiß hätte nur ein gewaltsames Ende ihm dazu verhelfen können; denn er war seinem Wesen nach auf Zerstörung angelegt und nahm die eigene Person davon nicht aus. Aber nahe, immerhin, war er ihm. Kann man ihn ‚groß' nennen?" (Fest S. 25).

3. Der Stalinismus

3.1. Herrschaftssystem

Im zaristischen Rußland nahmen im 19. Jahrhundert die durch soziale Ungleichheit, das feudale System und die Unterdrückung der nichtrussischen Nationalitäten hervorgerufenen politischen, wirtschaftlichen und gesellschaftlichen Spannungen zu und erzeugten eine latent revolutionäre Stimmung. Während die einfachen Bauern meist an der kirchlichen Lehre von der gottgewollten Zarenautokratie festhielten, übernahm die russische Intelligenzija westliche demokratische, liberale und sozialistische Ideen des nun auch in Rußland einsetzenden Industriezeitalters und bildete eine starke, von sozialem Engagement geprägte Opposition. Die 1898 in Minsk gegründete marxistische Sozialdemokratische Arbeiterpartei wurde von der Polizei zerschlagen. Ihre verfolgten Mitglieder gingen in den Untergrund oder ins Ausland. In der Zeitung „Iskra" verbreitete Wladimir Iljitsch Uljanow, gen. Lenin, seine revolutionären Ideen. Er war der Meinung, daß auch in Ländern wie Rußland die proletarische, sozialistische Revolution vorbereitet und durchgeführt werden könne; orthodoxe Marxisten dagegen hielten Rußland mit seinem Anteil von etwa 80% ländlicher Bevölkerung für hierzu noch nicht weit genug entwickelt. Das erstarrte politische System und die schleichende Staatskrise führten jedoch 1905 zu einer ersten Revolution, auf die Ministerpräsident Stolypin mit dem Versuch einer Agrarreform antwortete. Schon 1861 war die Leibeigenschaft der Bauern aufgehoben, das Mir-System mit der kollektiven Nutzung der Feldflur jedoch beibehalten worden. Jetzt wurde auch das Mir-System aufgelöst, und der Bauer konnte sein Anteilland als Privateigentum erhalten. Forderungen nach Aufteilung des Großgrundbesitzes von Adel und Kirche wurden freilich nicht berücksichtigt. Die Reformansätze scheiterten durch den Ausbruch des 1. Weltkriegs (1914). Die lange Dauer dieses Kriegs, die großen Menschenverluste und Ernährungsschwierigkeiten steigerten die Unzufriedenheit und die revolutionäre Bereitschaft der russischen Bevölkerung. Die eher spontane Februarrevolution des Jahres 1917 brachte als Ergebnisse die Bildung einer zunächst bürgerlichen, später sozialrevolutionären Provisorischen Regierung, die Abdankung des Zaren sowie bürgerliche und politische Freiheiten. Doch im Oktober 1917 stürzten bolschewistische Berufsrevolutionäre die Provisorische Regierung und ergriffen selbst die Macht (**38**). Ein „Rat der Volkskommissare" übernahm unter dem Vorsitz Lenins die Regierung und verkündete die Dekrete über die Beendigung des Krieges und über Grund und Boden (entschädigungslose Enteignung der Großgrundbesitzer). Kompromißlos verwirklichten die Bolschewiki ihr politisches, wirtschaftliches und gesellschaftliches Programm. In einem blutigen, bis Ende 1920 dauernden Bürgerkrieg behaupteten sie die Macht dank ihrer stärkeren Geschlossenheit und der von Trotzki organisierten Roten Armee. Auf dem X. Parteitag 1921 verkündete Lenin als Antwort auf die durch den „Kriegskommunismus“ (1917–1921) hervorgerufene Wirtschaftskrise und den Matrosenaufstand in Kronstadt die „Neue Ökonomische Politik“ (NEP), die eine teilweise Rückkehr zu kapitalistischen Wirtschaftsformen und eine begrenzte Privatisierung bedeutete. Durch den darauf folgenden Produktionsanstieg waren bald die durch Krieg und Revolution bewirkten Verluste ausgeglichen. Im gleichen Jahr 1921 wurde die Diktatur der kommunistischen Partei durch das Verbot aller Oppositionsgruppen innerhalb der Partei gefestigt. Lenin hoffte, daß die siegreiche Oktoberrevolution eine revolutionäre Wirkung auf die internationale Arbeiterschaft ausüben werde. Der Vorbereitung der Weltrevolution sollte auch die Gründung der III. Kommunistischen Internationale im März 1919 dienen.

Nach dem Tod Lenins (1924) ging J. W. Dschugaschwili, gen. Stalin, der bereits seit 1922 Generalsekretär des ZK war, aus mehrjährigen erbitterten Nachfolgekämpfen, insbesondere gegenüber Trotzki, als Sieger hervor. In der ihm eigenen knappen Art erklärte Stalin 1927 unter Berufung auf Marx, Engels und Lenin die kommunistischen Zukunftsvorstellungen (**37**), welche die Sowjetunion nun als erstes Land der Welt verwirklichen wolle. Da die erwartete Weltrevolution nicht eintraf, setzte Stalin der Lehre Trotzkis von der „permanenten Revolution“ die Theorie vom „Aufbau des Sozialismus in *einem* Land“ entgegen, wobei er sich des russischen Patriotismus bediente und die Sowjetunion als das „Vaterland aller Werktätigen“ propagierte. An Stelle der Abhängigkeit der russischen von der internationalen Revolution wurde nun umgekehrt die Weltrevolution abhängig gemacht von der Entwicklung und Machtentfaltung des Sozialismus in der Sowjetunion. Unter der Führung der Partei sollte es möglich sein, in der Sowjetunion allein den Sozialismus aufzubauen. Das Herrschaftssystem in der Sowjetunion zur Zeit Stalins wird in den **Texten 39 bis 43** dokumentiert (zur Entwicklung des Marxismus zum Sowjetkommunismus können zusätzlich die Ploetz Arbeitsmaterialien „Marxismus im 20. Jahrhundert“ von Gerold Niemetz herangezogen werden). Dabei soll deutlich werden, wie sich das Verhältnis der Partei zu Staat und Gesellschaft gestaltete: Während der Verfassung nach der Staat föderalistisch gegliedert ist, handelt es sich in Wirklichkeit um die Herrschaft einer nach dem Prinzip des „demokratischen Zentralismus“ aufgebauten Partei. Gestützt auf die Geheimpolizei, vereinigte Stalin in seiner Person die wichtigsten Funktionen von Partei und Staat. Von 1936 bis 1938 steigerte er seine Diktatur durch Schauprozesse und Säuberungen in Partei, Militär und Gesellschaft zum Terrorsystem, dem Millionen von Menschen zum Opfer fielen, so daß die totalitäre Herrschaft in der Sowjetunion mit dem Namen Stalin verbunden ist. Gewaltanwendung war die wesentliche Stütze seines Regimes. „Vielleicht ist die Marxsche Utopie von der Aufhebung des Staats die gefährlichste Utopie aller Zeiten. Denn das Ende des Staats bedeutet das Ende der Rechtsordnung – es bedeutet nicht das Ende von Herrschaft. Wenn also der Staat verschwindet, bleibt nur nackte Herrschaft, nicht gebunden durch Gesetze, Verfassung oder Vertrag – die absolute persönliche Herrschaft eines Apparats. Lenin, mehr Pragmatiker und ein geschickterer Revolutionär als Marx, versuchte diese Utopie zu verwirklichen [...] Die unvermeidliche Folge war jenes kommissarische Herrschaftssystem, aus dem sich der Staat entwickelte, der unter Stalin den[...] totalitären Charakter annahm. Man wird kaum sagen können, daß dies noch der Marxschen Vorstellung von der Zukunftsgesellschaft entsprach" (L. B. Shapiro: Totalitarismus, in: Sowjetsystem und Demokratische Gesellschaft, Bd. VI, Sp. 481).

3.2. Gesellschaft

Den Bürgern der Sowjetunion werden sowohl in der Stalin-Verfassung von 1936 als auch in der Breschnew-Verfassung von 1977 demokratische Grundrechte zugesichert, allerdings nur „in Übereinstimmung mit den Interessen der Werktätigen" (**44**). Die Führungsrolle der KPdSU bleibt unangetastet, eine legale Opposition gibt es nicht. – Im Zusammenhang mit Stalins „Revolution von oben" veränderte sich auch die sowjetische Gesellschaft. Die Industrialisierung erforderte einen gleichzeitigen Ausbau des Bildungswesens. Der sich gewaltig vergrößernde Partei- und Verwaltungsapparat ließ eine neue Schicht von Organisatoren und Bürokraten entstehen, die man Apparatschiks nannte. Diese Oberschicht aus Funktionären, Beamten und technischer Intelligenz haben Kritiker als „neue Klasse" bezeichnet. Arbeiter und Bauern haben noch immer einen niedrigen Lebensstandard (**45**). – Jede totalitäre Herrschaft widmet sich besonders aufmerksam der Erziehung der Jugend. Bei selbstverständlich verschiedener ideologischer Zielsetzung bestehen dabei in Form und Methoden gewisse Ähnlichkeiten zwischen dem Nationalsozialismus und dem Kommunismus (**46**). – Anders als der Nationalsozialismus, der sich in seiner Haltung gegenüber der Kirche nicht eindeutig festlegte und dies aus taktischen Gründen oft auch nicht wollte, lehnt die kommunistische Lehre die Religion entschieden ab (**47**). – Auch in der Sowjetunion gibt es Formen des Widerstandes gegen das Regime, über die wir aber nur unzureichend informiert sind. In den vergangenen Jahren sind auch im Westen mehrere Personen bekannt geworden, die an den Verhältnissen in der Sowjetunion (sowohl der Stalinzeit wie auch heute) Kritik geübt, auf Mißachtungen der Menschenrechte hingewiesen haben (**49**) und Reformwünsche äußerten (z. B. Sacharow, Medwedjew u. a.).

3.3. Wirtschaft

Bis in die 20er Jahre hinein war die heutige Sowjetunion ein wirtschaftlich rückständiges Agrarland, obwohl das Land über viele Bodenschätze und Energiequellen verfügt. Die Nutzbarmachung des Raumes wurde und wird gehemmt durch ungünstige geographische Bedingungen (Lage weiter Teile in Nord-Eurasien, große Entfernungen, Klimaschranken durch Kälte und Trockenheit, relativ geringe landwirtschaftliche Nutzfläche etc.), durch Mangel an Kapital und an qualifizierten Arbeitskräften (vgl. die Ploetz-Arbeitsmaterialien „Transkontinentalstaaten im geografischen Vergleich. USA–Sowjetunion" von Bruno Wendt).

Mit dem Beginn des 1. Fünfjahresplanes (1928) (**50,51**) trieb Stalin die Industrialisierung und die Kollektivierung der Landwirtschaft voran. In der Landwirtschaft entstanden in den Jahren 1929–1931 gegen den Widerstand der Bauern und unter Auflösung des Kulaken- (Großbauern-) tums die Kolchosen (Genossenschaftsbetriebe) und Sowchosen (Staatsgüter). Durch Maschinen-Traktoren-Stationen (MTS) wurde die Landwirtschaft mechanisiert, was Arbeitskräfte für die Industrie freisetzte. Außerdem erwirtschaftete die Landwirtschaft das Kapital für den Aufbau der Industrie. Hierbei wurde die Schwer- und Rüstungsindustrie auf Kosten der Konsumgüterproduktion gefördert. Neue Industriebetriebe und Kombinate entstanden im Ural und in Westsibirien. Insgesamt gesehen, wurden durch diese Maßnahmen innerhalb kürzester Frist die Voraussetzungen geschaffen für die Entwicklung der Sowjetunion zu einer modernen Industrie- und Weltmacht. (Zu Prinzipien und Methoden sowjetischer Wirtschaftspolitik können zusätzlich die Ploetz Arbeitsmaterialien „Freie und gelenkte Wirtschaft“ von Volker Goetz und Wolfgang Meyer herangezogen werden.) Der sowjetischen Bevölkerung wurde dafür ein sehr hoher Preis abverlangt: Millionen Menschenleben, große Opfer und Anstrengungen, Verzicht auf bescheidensten Wohlstand, Einschränkung der persönlichen Freiheit und harte Arbeit unter Zwang. Es ist zu fragen, ob es unter den gegebenen Bedingungen möglich gewesen wäre, auf eine kommunistische Zukunftsgesellschaft oder zumindest auf die erreichbaren wirtschaftlichen Erfolge mit anderen Mitteln als den von Stalin verwendeten Gewaltmethoden hinzuarbeiten (**52–56**).

In den Jahren 1939 und 1940 konnte sich die Sowjetunion territorial vergrößern: sie annektierte Ostpolen (Hitler-Stalin-Pakt), ließ sich Gebiete von Finnland und Rumänien abtreten und besetzte die baltischen Staaten. Der 2. Weltkrieg brachte der Sowjetunion zwar nur geringen eigenen territorialen Zuwachs, dafür aber eine bedeutende Erweiterung ihres Einflußbereiches durch die Errichtung der Satellitenstaaten in Ostmitteleuropa.

3.4. Bilanz

Heute ist die Sowjetunion neben den USA eine politische Supermacht und einer der führenden Industriestaaten der Welt. Unter den besonderen Bedingungen internationaler Politik (gegenseitige Vernichtungsmöglichkeiten) kommt ihrem Verhalten weltweite Bedeutung zu. Außenpolitisch ist die Sowjetunion einerseits wohl an der Erhaltung des Status quo und des Weltfriedens interessiert, ungewiß ist, ob sie andererseits noch an dem Ziel der (gewaltsamen?) Weltrevolution festhält. Zur Zeit verfolgt sie in dieser Beziehung das Prinzip der „friedlichen Koexistenz“. Der Weltkommunismus ist in verschiedene Lager gespalten, nicht alle erkennen eine führende Rolle der Sowjetunion an. Den von der Sowjetunion beherrschten osteuropäischen Satellitenstaaten gesteht die „Breschnew-Doktrin“ nur eine begrenzte Souveränität zu. Bis jetzt hat die Sowjetunion weder die kommunistische Gesellschaft verwirklichen noch die kapitalistischen westlichen Industriestaaten „einholen und überholen“ können.

Verschiedene Antworten gibt es auf die Frage nach Kontinuität und Wandel in der Sowjetunion seit Stalins Tod im Jahre 1953. Zum einen leitete Chruschtschow 1956 eine „Entstalinisierung" (**43**) ein, zum anderen machen sich hin und wieder „neostalinistische" Tendenzen bemerkbar. In Text **57** wird ausgeführt, warum man heute nicht mehr von einem totalitären Herrschaftssystem der Sowjetunion sprechen sollte (vgl. auch **66**). Dagegen meint Ernst-Otto Maetzke in einem Leitartikel der Frankfurter Allgemeinen Zeitung vom 20. 6. 1977 unter der Überschrift „Stalin kann nicht sterben", daß das System der kommunistischen Machtausübung von Lenin über Stalin bis heute sich nicht geändert habe: „Stalins Macht bestand im Kern darin, daß ihn siebenundzwanzig Jahre niemand – kein Politbüro- oder kein Zentralkomitee-Mitglied, kein Parteitagsdelegierter und selbstverständlich kein gewöhnlicher Bürger – kraft irgendwelcher Stellung oder Einsicht jemals nach dem Warum seiner tödlichen Entschlüsse oder nach Beweisen seiner ungeheuerlichen Anklagen fragen durfte. Sobald dies als das Wesen des Stalinismus erkannt ist, wird es höchst zweifelhaft, ob Stalin wirklich tot ist."

4. Totalitarismus als Begriff und Forschungsobjekt

In diesem Abschnitt werden einige Ergebnisse der umfangreichen und kontroversen wissenschaftlichen Totalitarismus-Forschung der letzten Jahrzehnte vorgestellt. Die von Hättich erstellte Tabelle (**59**) ermöglicht einen ersten Überblick über die Grundmodelle politischer Ordnung.

Der Begriff „Totalitarismus" wurde erst in neuerer Zeit geprägt. Seit dem Ende der 20er Jahre wurde das Wort „totalitär" gleichermaßen zur Kennzeichnung der faschistischen und kommunistischen Ein-Parteien-Diktaturen verwendet. Mussolini sprach häufig vom „stato totalitario", der Staatsrechtler Ernst Forsthoff stellte 1933 den deutschen Führerstaat als totalen Staat vor: „Der totale Staat muß ein Staat der totalen Verantwortung sein. Er stellt die totale Inpflichtnahme jedes einzelnen für die Nation dar" (Hofer S. 83/84). Auch Hannah Arendt hat die faschistischen Regime in Italien und Deutschland mit dem Bolschewismus unter Stalin verglichen. In Ideologie und Terror sieht sie die wichtigsten Züge des Totalitarismus (**60**). Die von Friedrich und Brzezinski 1956 erstmals veröffentlichten sechs allgemeinen Merkmale der totalitären Diktatur (**61**) haben die Entwicklung einer systematischen Theorie des Totalitarismus sehr stark beeinflußt. Ihnen folgt auch der Kultusministerkonferenz-Beschluß von 1962 über „Richtlinien für die Behandlung des Totalitarismus im Unterricht". Martin Drath (**62**) sieht das „Primärphänomen des Totalitarismus", d. h. sein fundamentales charakteristisches Merkmal darin, daß er „gegenüber den in der Gesellschaft herrschenden Wertungen ein ganz anderes Wertungssystem durchsetzen will", das bis in Metaphysik hinein fundiert wird. Er betreibe die Erziehung eines „neuen Menschen", der dieses andere Wertungssystem verinnerlicht. Hierin unterscheide sich der Totalitarismus auch von absoluten oder autoritären Herrschaftssystemen (z. B. Franco-Spanien), welche diesen Anspruch nicht erheben und sich damit begnügen, offene Kritik, aktive Opposition und die Austragung von gesellschaftlichen Konflikten zu unterdrücken.

Daß es in der wissenschaftlichen Diskussion Widerstreben gibt, den Totalitarismus-Begriff überhaupt noch zu verwenden (**65**), hängt damit zusammen, daß der Begriff von Anfang an eine doppelte Funktion besaß, nämlich a) als ein wissenschaftlicher Begriff, der eine bestimmte historisch-politische Erscheinung beschreiben sollte, und b) als ein politisch wertender Begriff, der sich an der parlamentarischen Demokratie orientierte. Es wird kritisiert, daß der Begriff nach dem 2. Weltkrieg als ideologische Waffe im kalten Krieg benutzt wurde. – Umstritten ist ferner, ob man den Begriff gemeinsam für den italienischen Faschismus und den Nationalsozialismus einerseits und den Stalinismus andererseits verwenden und zwischen „rechtem“ und „linkem“ Totalitarismus unterscheiden kann. So dürfe man nicht nur Form und Methoden der politischen Herrschaft vergleichen, sondern es müsse vielmehr danach gefragt werden, „wer gegenüber wem in wessen Interesse und zu welchem Zweck zu Gewaltmitteln greift, d. h., es muß nach der historischen und sozialen Funktion der Gewaltanwendung gefragt werden“ (aus: R. Kühnl [Hrsg.]: Geschichte und Ideologie. Kritische Analyse bundesdeutscher Geschichtsbücher, Reinbek bei Hamburg ^{2}1974 S. 205 = rororo aktuell 1656). Demgegenüber argumentiert D. Albrecht (Zum Begriff des Totalitarismus. In: Geschichte in Wissenschaft und Unterricht 1975/3 S. 135–140, hier S. 140): „Ob einer erschossen wird, weil er Klassenfeind ist, oder ob er erschossen wird, weil er Rassenfeind ist, ist dem Betroffenen durchaus gleichgültig – was zählt, ist nicht die Begründung, das Inhaltliche, sondern die Methode, die Form des Vorgehens, das Formale“ (**63–65**).

Unter dem Eindruck der in den 50er Jahren eingetretenen Wandlungen der Ideologie und Gesellschaft im Ostblock entstand der neue theoretische Ansatz von P. Ch. Ludz, der – von der Eigendynamik totalitär verfaßter Gesellschaften ausgehend – am Beispiel der SED zu dem Ergebnis gelangt, daß sie von der totalitären zur autoritären Partei tendiere (**66**, vgl. auch **57**). (Über die DDR informieren detailliert die Ploetz Arbeitsmaterialien „Deutschland: Zwei Staaten, zwei Systeme“ von Walter Boeck.)

Neben der Frage, ob es sich beim Totalitarismus lediglich um eine moderne Ausprägung bereits bekannter Herrschaftsformen (Despotie, Tyrannis u. a.) oder dank der modernen technischen Mittel um etwas völlig Neues in der Geschichte handelt, ist das Problem umstritten, ob es einen totalitären Staat im Sinne der lückenlosen Erfassung der gesamten Gesellschaft jemals gab, weil die angestrebte uneingeschränkte Verfügung über alle Lebensbereiche immer unvollständig blieb. Während einerseits gefolgert wird, daß Totalitätsanspruch und Terror unter den Bedingungen einer hochindustrialisierten Gesellschaft und dem Zwang wirtschaftlich-technischen Fortschritts ihre Grenzen finden, so wird andererseits festgestellt, daß gerade die moderne Industriegesellschaft zum Totalitären tendiere (**67**). Am Ende steht die Befürchtung, daß beispielsweise durch den Einsatz der Computertechnik (**68**) die von George Orwell in dem Roman „1984“ (1949) entworfene Vision einer Zukunftsgesellschaft Wirklichkeit wird.

5. Faschismustheorien

Der Begriff „Faschismus" bezeichnet im engeren Sinn die von Mussolini von 1922 bis 1943 (bzw. 1945) in Italien geführte politische Bewegung und ihr Herrschaftssystem. Im weiteren Sinne werden auch andere extrem nationalistische Bewegungen verschiedenster Staaten, die autoritäre oder totalitäre Herrschaftsordnungen errichtet oder angestrebt haben, unter dem Begriff Faschismus zusammengefaßt (z. B. Nationalsozialismus in Deutschland, Primo de Rivera oder Franco in Spanien, Eiserne Garde in Rumänien, Ustascha-Bewegung in Kroatien, Heimwehr in Österreich, Pfeilkreuzler in Ungarn), doch ist diese Einordnung häufig umstritten. Der Faschismus ist „als eines der zentralen, für ganz Europa charakteristischen Phänomene der Zwischenkriegszeit anzusehen" (W. Schieder). Politische Bewegungen, die nach dem 2. Weltkrieg offen oder versteckt den Faschismus wiederbeleben wollten (SRP und DRP in der Bundesrepublik Deutschland, Movimento Sociale Italiano in Italien) werden „neofaschistisch" genannt. Das Wort Faschismus wird abgeleitet von den 1919 in Mailand durch Mussolini gegründeten „fasci di combattimento" (politische Kampfverbände). „Fascio" bedeutet hier im übertragenen Sinne einen politischen Bund, erst später bezog Mussolini den Begriff auf die Liktorenbündel (fasces) der Römer und verwendete diese als politisches Symbol. Der rasche Aufstieg der faschistischen Bewegung in Italien und in Europa allgemein muß vor dem Hintergrund der Situation nach dem 1. Weltkrieg gesehen werden: Neben den Einwirkungen des Kriegserlebnisses auf Weltbild und Geisteshaltung (Verherrlichung der Gewalt, Militarismus u. a.) wurde das schwerwiegende Problem der sozialen und wirtschaftlichen Wiedereingliederung der aus vorwiegend agrarisch oder bürgerlich orientierten Schichten stammenden Frontsoldaten in eine sich ihrerseits wandelnde Industriegesellschaft – mit Wirtschaftskrisen, Arbeitslosigkeit und schwachen demokratischen Regierungen – nicht bewältigt. Hochgespannte nationale Erwartungen waren nicht in Erfüllung gegangen (Italien z. B. hatte Dalmatien nicht erhalten). Der Sieg der bolschewistischen Revolution weckte in anderen Ländern Hoffnungen in der sozialistischen Arbeiterschaft und entsprechende Befürchtungen im Bürgertum. Mit dessen Unterstützung und auch unter Gewaltanwendung breiteten sich in Italien die Fasci nach 1920 rasch aus. 1921 wurden sie in eine Partei (Partito Nazionale Fascista) umgewandelt und errangen Wahlerfolge. Nach dem „Marsch auf Rom" am 28. 10. 1922 wurde der Faschistenführer („Duce") Mussolini von König Vittorio Emmanuele III. zum Regierungschef einer Koalitionsregierung ernannt. Es dauerte noch bis 1925/26, bis die Staatsgewalt ganz in den Händen der Faschisten und die Diktatur Mussolinis vollendet war.

Aus Mussolinis 1932 veröffentlichter „Dottrina del Fascismo" (**69**), deren ersten Teil der Philosoph Giovanni Gentile verfaßte, lassen sich seine politischen Überzeugungen ablesen: „Nationalistische und imperialistische Tendenzen (Wiederbelebung der altrömischen Tradition) sowie sozialistische Theorien vereinigen sich zur faschistischen Ideologie, die von dem Angehörigen der Bewegung Disziplin, Wille und Glaube fordert und Gewalt, Kampf und Gefahr verherrlicht. Überwindung der Klassengegensätze und des Internationalismus durch nationale Gemeinschaft und nationalen Staat, dem der Bürger als höchstem Wert dienen muß und der von einer Elite geleitet wird. Pazifismus und Liberalismus werden als staatszersetzend abgelehnt" (dtv-Atlas zur Weltgeschichte, Band 2 S. 182). Kühnl hat sechs Grundmotive faschistischer Ideologie unterschieden und deren Funktion beschrieben (**70**). Mussolini äußerte mehrfach, der Faschismus sei kein Exportartikel. Faschistische Ideen breiteten sich dennoch auch außerhalb Italiens immer weiter aus und beeinflußten auch Hitler, der Mussolini sehr bewunderte („Mein Kampf" S. 774). Erst die politische und ideologische Annäherung zwischen Italien und dem Deutschen Reich nach 1935/36 veranlaßte auch Mussolini 1937 zur Hervorhebung der Übereinstimmungen zwischen dem italienischen Faschismus und dem Nationalsozialismus: gemeinsame Feinde, gleiche Ideale, verwandte Ideologien (**71**,**72**). Während der italienische Faschismus mit seinem tatsächlich errichteten Herrschaftssystem seine verbalen ideologischen Proklamationen über dessen totalitären Charakter bei weitem nicht realisierte (und Monarchie und katholische Kirche dem totalitären Anspruch Grenzen setzten), verwirklichte der Nationalsozialismus ein äußerst radikales diktatorisches Regime, welches weit über seine eigenen theoretischen Schriften hinausgriff (Schlangen S. 32).

Die Beschäftigung mit dem Faschismus ist so alt wie der Faschismus selbst. In Abhängigkeit von der Entstehungszeit und dem politischen Standort entwickelten sich – wie bei der Totalitarismus-Forschung – unterschiedlichste Theorien. Ausführliche Darstellungen der Faschismustheorien können bei Nolte (Einleitung zu: Theorien) und Wippermann nachgelesen werden. Zu Beginn der 20er Jahre zwangen das Ausbleiben der Weltrevolution und der Sieg des Faschismus in Italien (dessen Massenbasis bis in das Proletariat reichte) die Kommunisten zur Auseinandersetzung mit dem neuartigen Phänomen. Während eine Gruppe innerhalb der Komintern dazu neigte, den Faschismus als vorübergehende Erscheinung zu betrachten, warnten der russische Trotzki-Anhänger Karl Radek und die deutsche Funktionärin Clara Zetkin vor dem Faschismus. Ein selbstkritischeres und differenzierteres Bild vom Verhältnis des Kommunismus zum Faschismus als das von ihr 1923 gezeichnete (**73**) ist von kommunistischer Seite später nicht mehr entworfen worden. Die 1924 formulierte Komintern-Resolution über den Faschismus (**74**) enthält bereits die dann 1933 in Moskau verkündete und bis jetzt gültige offizielle kommunistische Faschismusdefinition: „Der Faschismus ist die offene terroristische Diktatur der am meisten reaktionären, chauvinistischen und imperialistischen Elemente des Finanzkapitals." Nach offizieller kommunistischer Auffassung ist der Faschismus die notwendige Konsequenz des Kapitalismus, beide sind letztlich identisch. Andere, von Moskau unabhängige marxistische Faschismus-Theorien kamen zu dem Ergebnis, „daß der Faschismus zwar eng mit dem bürgerlichen Kapitalismus zusammenhänge, aber nicht einfach als dessen direktes Organ oder Instrument anzusehen sei" (W. Schieder).

In der gegenwärtigen Faschismusdiskussion in der Bundesrepublik Deutschland vertreten Kühnl (**76**) und Nolte (**78**) kontroverse Positionen. Von Lipsets Interpretation des Faschismus (1950) als kleinbürgerliche Bewegung und typisches Extremverhalten der Mitte ausgehend, entwickelt Dahrendorf seine

These, daß das Dritte Reich, soziologisch gesehen, auf vielen Gebieten modernisierend gewirkt habe, wenn auch oft wider Willen (**77**). Den heutigen Stand und die offenen Fragen der Faschismus-Forschung hat Wippermann in den „Thesen zum Faschismusproblem“ (**79**) zusammengefaßt.

Eine wichtige Erfahrung unseres Jahrhunderts ist die doppelte Bedrohung liberaler Demokratie durch Antidemokraten von links und rechts. In der Zwischenkriegszeit stand neben der parlamentarischen Demokratie und dem Kommunismus der Faschismus als eigenständige weltanschauliche und politische Strömung. Heftig umstritten ist, ob der Faschismus mit den faschistischen Regime 1945 untergegangen ist oder nicht. Sind die NPD in der Bundesrepublik Deutschland oder die Verhältnisse in Chile Beispiele dafür, daß es den Faschismus heute noch gibt? Angesichts der Unsicherheit in dieser Frage empfiehlt Wanda Kampmann (S. 10) als Lernziel: „den Faschismus kennenlernen, um ihn wiederzuerkennen. Nicht als kompakte, sich wiederholende Erscheinung, aber in Tendenzen, Haltungen, Wünschen, Ängsten, Prognosen und Parolen, die sich heute mit anderen Ängsten und Hoffnungen zusammentun und andere Bündelungen ergeben können“. – Während für Kühnl faschistische Systeme nur in relativ entwickelten Industriestaaten möglich sind (**80**), diskutiert Nolte die Frage, ob und wie Faschismus auch in Entwicklungsländern vorkommen kann (**81**). Wie Wippermann feststellte (**79**), gibt es keine allgemein anerkannte Faschismustheorie. Dies wird u.a. erschwert durch die heutzutage inflationär gehandhabte Praxis, das jeweils politisch Unerwünschte polemisch als faschistisch abzutun (**82**), was den Begriff abwertet und letztlich für die wissenschaftliche Verwendung unbrauchbar macht.

KURZBIOGRAPHIEN

Lenin, eigentl. Uljanow, Wladimir Iljitsch. Geb. am 22. 4. 1870 in Simbirsk (heute Uljanowsk) als Sohn eines Schulinspektors. Sein Bruder Alexander wurde als Verschwörer hingerichtet. Schon früh Kontakt mit der revolutionären Bewegung. Jura-Studium. 1896–99 Verbannung nach Sibirien wegen Revolutionsvorbereitungen. 1898 Heirat mit Nadeschda Krupskaja (1869–1939). 1900–05 in der Emigration: London, München, Genf. Gründung der Zeitschrift „Iskra" (Funke). Führte 1903 auf dem Londoner Parteitag die Spaltung in Bolschewiki und Menschewiki herbei. 1905 Teilnahme an der ersten russischen Revolution. 1907–17 erneute Emigration: Genf, Paris, Krakau, Bern, Zürich. Im März 1917 Rückkehr nach Rußland mit Hilfe der deutschen Regierung. Vorbereitung und Durchführung der Oktoberrevolution und der Ergreifung der Staatsmacht durch die Bolschewiki. Wurde Vorsitzender des Rates der Volkskommissare und leitete die Parteiarbeit. 1922 Gründung der Sowjetunion. Nach mehreren Schlaganfällen am 21. 1. 1924 in Gorki bei Moskau gestorben. Sein einbalsamierter Leichnam ist in einem Mausoleum auf dem Roten Platz in Moskau aufgebahrt.

Stalin, eigentl. Dschugaschwili, Jossif Wissarionowitsch. Geb. am 21. 12. 1879 in Gori (Georgien). Sein Vater war Schuhmacher. Er besuchte von 1894–99 das Priesterseminar in Tiflis, von dem er wegen Propagierung des Marxismus ausgeschlossen wurde. Seitdem Berufsrevolutionär in Transkaukasien. Zwischen 1902 und 1913 mehrfach verhaftet, nach Sibirien verbannt und wieder geflüchtet. 1912/13 Aufenthalt bei Lenin in Krakau und Wien. 1913 bis 1917 in der Verbannung, danach Rückkehr nach Petrograd. Seit 1917 Mitglied des Politbüros und bis 1923 Volkskommissar für Nationalitätenfragen. Ab 1922 Generalsekretär des Zentralkomitees der Partei. Von dieser Machtposition aus nach 1924 Verdrängung sämtlicher Rivalen aus der Parteiführung und Ausbau seiner unumschränkten Diktatur. Nach 1929 Zwangskollektivierung der Landwirtschaft und beschleunigte Industrialisierung. 1936–38 Vernichtung von Gegnern durch Säuberungen und Schauprozesse. Im 2. Weltkrieg siegreicher Führer im „großen vaterländischen Krieg". Ausweitung des sowjetischen Machtbereiches auf den Konferenzen von Teheran, Jalta und Potsdam. Am 5. 3. 1953 in Moskau gestorben. Zunächst im Lenin-Mausoleum beigesetzt, nach der „Entstalinisierung" Grab an der Kreml-Mauer.

Trotzki, eigentl. Bronstein, Lew Dawidowitsch. Geb. am 7. 11. 1879 in Janowka (Ukraine). Sohn eines Gutsbesitzers. Schloß sich 1897 der revolutionären Bewegung an, wurde 1899 in Odessa verhaftet und nach Sibirien verbannt, wo er sich mit den Schriften von Marx vertraut machte. 1902 Flucht nach London, wo er Lenin kennenlernte und an der Zeitschrift „Iskra" mitarbeitete. Bei der Parteispaltung 1903 schloß er sich den Menschewiki an. 1905 nahm er aktiv an der Revolution teil. 1906 lebenslänglich nach Sibirien verbannt, 1907 erneute Flucht. Lebte von 1907–17 in Wien, anschließend in der Schweiz, Paris, Spanien und New York. In dieser Zeit entwickelte er seine politische Theorie von der permanenten Revolution. Im Mai 1917 wieder in Rußland. Nun Anschluß an die Bolschewiki. Zusammen mit Lenin wurde er der führende Organisator der Oktoberrevolution. Von 1918–25 Volkskommissar für Kriegswesen. Während des Bürgerkrieges Befehlshaber der von ihm organisierten Roten Armee. Nach dem Tod Lenins bekämpfte er Stalin, mußte von seinen Ämtern zurücktreten und wurde 1928 nach Kasachstan verbannt. 1929 Ausweisung in die Türkei. Kritisierte Stalin auch aus dem Exil. Lebte zeitweilig in Frankreich, Norwegen und Mexiko, wo er am 21. 8. 1940 in Coyoacán den Verletzungen aus einem Mordanschlag eines Agenten der sowjetischen Geheimpolizei erlag.

Hitler, Adolf. Geb. am 20. 4. 1889 in Braunau am Inn als Sohn eines österreichischen Zollbeamten. Realschulbesuch ohne Abschluß in Linz und Steyr. Wollte Maler werden, wurde aber von der Kunstakademie in Wien wegen mangelnder Begabung nicht aufgenommen. Lebte dann in Wien als Gelegenheitsarbeiter und Postkartenmaler. Politische Beeinflussung durch die österreichischen Alldeutschen (G. Ritter v. Schönerer) und die damals antisemitische christlich-soziale Bewegung in Österreich (K. Lueger). 1913 Übersiedlung nach München. Im 1. Weltkrieg als Freiwilliger im bayr. Heer, meist als Meldegänger eingesetzt. Nach dem Ende der bayerischen Räteherrschaft Tätigkeit als Schulungsredner für Soldaten, wobei er 1919 im Auftrag der Reichswehr mit der DAP in München in Berührung kam und Mitglied wurde. 1921 Vorsitzender der inzwischen in NSDAP umbenannten Partei. Am 8./9. 11. 1923 mißlang der zusammen mit General Ludendorff unternommene Staatsstreichversuch in München: NSDAP aufgelöst, Hitler zu 5 Jahren Festungshaft verurteilt, aber schon Ende 1924 amnestiert. Während der Haft in Landsberg entstand der 1. Band seines programmatischen Buches „Mein Kampf". 1925 Neugründung der NSDAP. Politische Agitation und Notlage der Weimarer Republik führten zu steigenden Wahlerfolgen. 1932 durch Einbürgerung in Braunschweig deutscher Staatsbürger. Kandidierte bei der Reichspräsidentenwahl gegen Hindenburg. Nach Scheitern der Regierung Schleicher und Einigung mit Papen am 30. 1. 1933 Ernennung zum Reichskanzler. Gezielter Ausbau der Machtstellung als „Führer und Reichskanzler" bis zum Sommer 1934. Aufrüstungspolitik und außenpolitisches Programm führten zum 2. Weltkrieg und der Niederlage Deutschlands. Am 30. 4. 1945 Selbstmord in den Trümmern der Reichskanzlei in Berlin und Verbrennung der Leiche.

Mussolini, Benito. Geb. 29. 7. 1883 in Predappio als Sohn eines Schmiedes und einer Lehrerin. War nach Herkunft und Erziehung ein radikaler Sozialist. Volksschullehrer. Lebte von 1902–04 in der Schweiz. Nach Militärdienst in Verona wurde er sozialistischer Führer in der heimatlichen Romagna und 1912 Chefredakteur der wichtigsten sozialistischen Tageszeitung „Avanti" in Mailand. 1914 Ausstoßung aus der (für Neutralität im Weltkrieg eintretenden) Sozialistischen Partei Italiens, weil er den italienischen Kriegseintritt befürwortete. Aus dieser Gegnerschaft zum sozialistischen Neutralismus entwikkelte er sich im 1. Weltkrieg zum ausgeprägten Antisozialisten und Nationalisten. 1919 Gründung der ersten „Fasci di combattimento" in Mailand, die 1921 zur „Partito Nazionale Fascista" umgewandelt wurden, mit Mussolini als Führer („Duce"). 1922 „Marsch auf Rom", vom König zum Regierungschef ernannt. Erlangte in den folgenden Jahren diktatorische Gewalt. 1929 Lateranverträge mit dem Heiligen Stuhl. Imperialistische Außenpolitik (1935/36 Eroberung Abessiniens). 1936 Bündnis mit Hitler (Achse Berlin–Rom). 1940 auf deutscher Seite im 2. Weltkrieg. Militärische Mißerfolge. Am 25. 7. 1943 Absetzung durch den Faschistischen Großrat und Gefangensetzung auf dem Gran Sasso. Nach Befreiung im September 1943 Staatschef der „Republik von Salò" (am Gardasee) unter deutschem Protektorat. Am 28. 4. 1945 bei dem Versuch, in die Schweiz zu fliehen, am Comer See von kommunistischen Partisanen erschossen. Seit 1957 in Predappio begraben.

Jahr	Italien	Deutschland	Sowjetunion	andere Staaten
1904/05			Russisch-Japanischer Krieg Erste Revolution in Rußland	
1911/12				*China:* Revolution und Abdankung der Mandschu-Kaiser. Republik
1914–18		Erster Weltkrieg		
1917			Lenin, Trotzki Revolutionen in Rußland (Februar / Oktober)	
1918		Novemberrevolution, Ausrufung der Republik	Bürgerkrieg (bis 1920)	
1919	Gründung der Fasci di combattimento, Mussolini	Versailler Vertrag, Weimarer Verfassung	Gründung der III. Internationale (Komintern)	
1920		25-Punkte-Programm der NSDAP, Hitler		
1921			Neue Ökonomische Politik (bis 1927)	Gründung der *KP Chinas,* Mao Tse-tung
1922	Marsch auf Rom, Regierungsbildung	Rapallo-Vertrag	Gründung der UdSSR	
1923		Rheinlandbesetzung, Ruhrkampf, Inflation, Hitler-Putsch mißlingt		*Spanien:* Militärdiktatur des Generals Primo de Rivera (bis 1930)
1924			Lenin gestorben. Aufstieg von Stalin im Machtkampf um die Nachfolge	
1925		Reichspräsident Ebert stirbt, Nachfolger v. Hindenburg		*China:* Nationale Revolution der KMT, General Tschiang Kai-schek
1926		Locarno, Aufnahme Dtlds. in den Völkerbund		*Japan:* Thronbesteigung von Kaiser Hirohito
1927			Verbannung Trotzkis	*China:* Bürgerkrieg zwischen KMT und KPCh (bis 1937)
1928			1. Fünfjahresplan, forcierte Industrialisierung	
1929	Lateranverträge mit Hl. Stuhl		Zwangskollektivierung der Landwirtschaft	*USA:* Beginn der Weltwirtschaftskrise
1930		Regierung Brüning (bis 1932)		
1931		Wirtschaftskrise		*Japan* besetzt die Mandschurei (Mandschkuo)
1932		Regierung Papen, Regierung Schleicher		
1933		30. 1. Hitler Reichskanzler		*USA:* New Deal, Präs. Roosevelt

		schaltung, Austritt aus dem Völkerbund Konkordat Dt. Reich–Vatikan		*Japan:* Austritt aus dem Völkerbund
1934	1. Begegnung Mussolinis mit Hitler in Venedig	Röhm-Putsch, Tod Hindenburgs; Hitler Staatsoberhaupt, Führer und Reichskanzler	Eintritt in den Völkerbund	*China:* „Langer Marsch“ der Kommunisten von S- nach N-China (1934/35)
1935	Brit.-franz.-italien. Konferenz in Stresa Beginn des Abessinien-Krieges	Einführung der allg. Wehrpflicht, Nürnberger Gesetze gegen die Juden		
1936	Achse Berlin-Rom	Olympiade, Rheinlandbesetzung, Vierjahresplan, Antikominternpakt mit Japan	Neue Verfassung, Säuberungen und Schauprozesse (bis 1938)	Bürgerkrieg in *Spanien* (bis 1939)
1937	Beitritt zum Antikominternpakt			Krieg zwischen *Japan* und *China* (bis 1945)
1938		Anschluß Österreichs, Konferenz von München, Einmarsch in das Sudetenland		
		23.8. Hitler-Stalin-Pakt		
1939	Annektion von Albanien Stahlpakt mit Deutschland	Protektorat Böhmen und Mähren 1. 9. Angriff auf Polen, Beginn des 2. Weltkriegs		Regierung Franco in *Spanien* (bis 1975)
1940	Kriegseintritt gegen Griechenland	Westfeldzug (Frankreich)	Ermordung Trotzkis in Mexiko	*Japan:* Überfall auf Pearl Harbour (USA)
1941	Kriegserklärung an die USA	22. 6. Angriff auf die Sowjetunion		
1942	Krieg in Nordafrika	Massenvernichtung von Juden beginnt		
1943	25. 7. Sturz Mussolinis 8. 9. Kapitulation	31. 1./2. 2. Kapitulation der 6. dt. Armee in Stalingrad 18. 2. Goebbels: totaler Krieg	Auflösung der Komintern	
1944		20. 7. Attentat auf Hitler mißlingt		6. 6. Alliierte Invasion in *Frankreich*
1945	Mussolini wird erschossen	30. 4. Selbstmord Hitlers 8. 5. Dt. Kapitulation Potsdamer Konferenz Flucht und Vertreibung der Dt. aus Ostmitteleuropa	Febr. Konferenz von Jalta Errichtung des sowjet. Satellitenstaatengürtels in Ostmitteleuropa	Atombomben auf Hiroshima und Nagasaki 2. 9. Kapitulation *Japans* Gründung der Vereinten Nationen
1949		Bundesrepublik Deutschland/DDR		Tschiang Kai-schek flieht nach Formosa, Gründung der VR *China*
1953		17. 6. Volksaufstand in der DDR	Tod Stalins	
1956			XX. Parteitag, Geheimrede Chruschtschows leitet Entstalinisierung ein	Aufstände in *Polen* und *Ungarn*

Nationalsozialismus und (Sowjet-)Kommunismus

Vergleichende Gegenüberstellung

Ideologie	Keine umfassende pol. Theorie. Weltanschauung 25-Punkte-Programm Hitler: Mein Kampf	In sich geschlossene polit. Theorie. Diamat, Histomat, pol. Ökonomie Marx, Engels, Lenin
Ziel	Expansive Außenpolitik. Rassenherrschaft nach Ausrottung der Juden. „Germanisches Reich Dt. Nation"	Weltrevolution Aufhebung von Ausbeutung und Entfremdung. Klassenlose Gesellschaft
Hauptfeind	Juden, Kommunisten	Kapitalisten
Herrschaftssystem	Hierarchisch aufgebauter Einparteienstaat ohne legale Opposition	
Partei	NSDAP	KPdSU
Diktator	Hitler	Stalin
Leitungsprinzip	Führerprinzip	demokrat. Zentralismus
Gewaltenvereinigung	Führer, Reichskanzler, Oberbefehlshaber	Generalsekretär d. ZK, Vorsitzender des Rats der Volkskommissare, Oberbefehlshaber
Nebeneinander von Staat und Partei, Führende Rolle der Partei, Herrschaft der Apparate	Bürokratie Kompetenzüberschneidungen, Rivalitäten	Bürokratie Apparatschiks, Neue Klasse
Machtkämpfe innerhalb der Führungsspitze	Röhm/SA, G. Strasser	Trotzki
Informationsmonopol	Massenmedien, Kunst, Wissenschaft im Dienste der Diktatur Propaganda	
Personenkult	Führerkult	Stalinkult
Staatskult	Vaterlandsliebe	Sowjetpatriotismus
Gesellschaft	Totale Erfassung des einzelnen durch Erziehung, Organisationen, Gewaltmittel	
Staatsjugend	Hitlerjugend	Komsomol
Terror und Massenmord	Gestapo, SD, SS KZ	Geheimpolizei Straflager, Säuberungen
Keine unabhängige Justiz	Volksgerichtshof	Schauprozesse
	Mißachtung der Menschenrechte	
Widerstand	Politiker, Kirchen, Militärs, Professoren und Studenten	Weiße Armee, Fraktionen der Bolschewiki, Bauern bei Zwangskollektivierung, Regimekritiker
Wirtschaft	Privatwirtschaftl. Struktur + Staat, Vierjahresplan 1936	Zentralverwaltungswirtschaft, Mehrjahrespläne seit 1928
Landwirtschaft	Reichsnährstand	Zwangskollektivierung
Gewerkschaften	Zwangsauflösung der Gewerkschaften. DAF	Gewerkschaften als Transmissionsriemen der Partei
Wirtschaftspolitik	Aufrüstung, Autarkie	Industrialisierung, Aufrüstung

MATERIALIEN

1. Zur Auseinandersetzung mit Totalitarismus und Faschismus

Schwierigkeiten eines Vaters, seinen Kindern Auschwitz zu erklären **Text 1**

Auszüge aus einer Rede von Günter Grass

Adornos Wort, nach Auschwitz könne man keine Gedichte mehr schreiben, hat so viele Mißverständnisse provoziert, daß ihm zumindest versuchsweise die Interpretation nachgeliefert werden muß; Gedichte, die nach Auschwitz geschrieben worden sind, werden sich den Maßstab Auschwitz gefallen lassen müssen. Spätestens hier zögere ich, höre ich dem Wort Auschwitz nach und versuche ich, das Wort Auschwitz an seiner Echowirkung zu messen. Wir kennen die trivialste Resonanz: Schon wieder Auschwitz! Immer noch Auschwitz? Wird das nicht aufhören? Will das nicht aufhören? Ich hoffe: nein. Ich widerspreche gleichfalls dem verhalten-vornehmen Echo: Die Antwort auf Auschwitz könne nur Schweigen, dürfe nur Scham und Verstummen sein. Denn Auschwitz war kein Mysterium, dem Scheu distanzierte und verinnerlichte Betrachtung befiehlt, sondern Realität, also zu untersuchendes Menschenwerk.

Seit Auschwitz folgt zwar der Kalender nicht einer neuen Zeitrechnung, wohl aber hat sich in unserem Denken – selten bewußt, doch unvermeidbar unterbewußt – so etwas wie eine neue Zeitrechnung niedergeschlagen. Seit Auschwitz denkt sich der Mensch anders, zwingen wir uns, anders zu denken, und wird überall dort, wo Auschwitz sich fortsetzt, der einmal gesetzte Maßstab mitgedacht werden müssen. Was vor Auschwitz sich ereignete, unterliegt anderen Kategorien, sofern es beurteilt wird; obgleich es den Vernichtungsmechanismus schon immer gegeben hat: erst die Perfektion ließ ihn zur Kategorie werden. Nicht die namentliche Grausamkeit einzelner Personen, sondern die anonyme Reibungslosigkeit fleißig zu nennender Schreibtischarbeit war das Neue und noch nicht Dagewesene in seiner menschlichen Blässe, die wir, uns distanzierend, unmenschlich nennen.

Die Reduzierung der Realität Auschwitz zum zeitlichen Wendepunkt hat dem ehemaligen Konzentrations- und Vernichtungslager Symbolgehalt gegeben: Auschwitz steht stellvertretend für Treblinka und Mauthausen, für eine Vielzahl ehemaliger Konzentrations- und Vernichtungslager. Diese Symbolisierung erschwert die Aufgabe, den alltäglichen Mechanismus in Auschwitz zu erklären, weil gleichzeitig mit der Ortsbezeichnung das Schlüsselwort für jeglichen Völkermord mitgesprochen wird.

Wenn ich heute meinen Kindern Auschwitz erklären will – und sie verlangen diese Erklärung aus kühlem Wittern heraus, aus blanker Neugierde: „Da war doch was" –, dann werde ich, sobald ich zu erklären beginne, umständlich und – bald verstrickt im Gehege der Umstände – mißverständlich. Immer noch einen Schritt vor Auschwitz muß ich mich im Krebsgang üben. Immer wieder und abermals liegt vor einer halbwegs hinreichenden Erklärung weiterer Anlaß, noch mehr Ursache zu nennen.

Frankfurter Allgemeine Zeitung, 2. 6. 1970
Vgl. Texte 2, 36.*

Aus einem Leserbrief **Text 2**

Geschichte ist tot. Was gehen mich Geschehnisse an, die mehr als 20 Jahre zurückliegen? Viele Jugendliche haben diese Einstellung. Dabei lassen sich alle bedeutenden politischen Fehler, die Millionen Menschen das Leben gekostet haben, auf falsche Geschichtsinterpretation oder geschichtliche Unkenntnis zurückführen. Aus der Geschichte lernen heißt doch, den gleichen Fehler nicht noch einmal machen. Als vor einem Jahr der Hessische Rundfunk unter Schülern eine Umfrage machte, was sie von Hitler und dem Dritten Reich wüßten, war nicht nur eine Antwort: „Sicher, Hitler hat vieles falsch gemacht. Aber er hat auch Recht und Ordnung hergestellt. So schlecht war er nun doch nicht." Das ist ein Alarmzeichen. Wir müssen aus der Geschichte lernen, aus Auschwitz und aus Treblinka. Erst der, der die Geschichte der Weimarer Republik kennt, wird sich für eine wehrhafte Demokratie einsetzen. Nur wer die Geschichte der Machtergreifung durch die Nationalsozialisten und die vielen geschichtlichen Beispiele der Entwicklung von Volksfront-Koalitionen zu Diktaturen der kommunistischen Parteien kennt, wird die Gefahr ermessen können, die in einer Übernahme der Regierungsgewalt durch kommunistische Parteien in unseren Nachbarländern liegt *Christoph Verenkotte, 17 Jahre*

Die ZEIT, 28/2. 7. 1976 **[1]****
Vgl. Texte 1, 11.

2. Der Nationalsozialismus

2.1. Herrschaftssystem

Deutschland im Jahr 1932 **Text 3**

Fünfzigtausend Bolschewisten haben die russische Revolution gemacht. In Deutschland gibt es schätzungsweise 6 Millionen Wähler der kommunistischen Partei. 200 000 Faschisten haben in Italien Mussolini zur Macht verholfen. Hinter der nationalsozialistischen Partei Adolf Hitlers in Deutschland stehen möglicherweise 12 Millionen Wähler. Wie lange kann das Leben der deutschen Republik dauern? [...] Heute, zu Beginn des vierzehnten Jahres der Republik, scheint ihre Stabilität ernster bedroht denn je zuvor. Aus den Wahlstatistiken läßt sich schließen, daß bedeutend mehr als die Hälfte des deutschen Volkes gegen die bürgerliche Republik ist. [...] Die beiden entschieden extremen Par-

* Hiermit wird auf andere, im thematischen Zusammenhang zur Weiterarbeit empfohlene Texte hingewiesen.
** Die im Anschluß an die Quellennachweise stehenden **[Zahlen]** verweisen auf die Arbeitsimpulse (hinter dem Materialien-Teil), die sich speziell auf den betreffenden Text beziehen. In der Regel können zusätzlich weitere Texte und zur Vertiefung ggf. im Literaturverzeichnis aufgeführte Bücher noch herangezogen werden.

teien haben mehr als die Hälfte der Bevölkerung für sich, wenn die Ergebnisse der örtlichen Abstimmungen sich für das Reich anwenden lassen.

Knickerbocker, Hubert Renfro: Deutschland – so oder so? (Rowohlt) Berlin 1932, S. VII und IX

Vgl. Text 10. **[7]**

Dahrendorf: Das Bild der jüngeren deutschen Geschichte **Text 4**

In der Bundesrepublik Deutschland hat sich seit dem Zweiten Weltkrieg allmählich ein Bild der jüngeren deutschen Geschichte festgesetzt, in dem die Zunft mit den Schulbüchern weithin übereinstimmt und das sich auch darum – nicht nur darum – beharrlich einnistet. Ausgangspunkt dieses Geschichtsbildes ist die These, daß in den Ersten Weltkrieg alle Beteiligten gewissermaßen „hineingeschlittert" seien. Es gibt keine Schuld am Ersten Weltkrieg, oder wenn es sie gibt, dann hat jeder Beteiligte daran den gleichen Anteil wie jeder andere. Deutschland hat den Ersten Weltkrieg verloren; es mußte einen harten Friedensvertrag hinnehmen. Der Vertrag von Versailles mit seiner Kriegsschuldthese, seinen territorialen, militärischen, wirtschaftlichen Konsequenzen entsprach jedoch nicht der gemeinsamen Schuld aller am Ausbruch des Krieges. Er war eine Überreaktion, der alle anderen Überreaktionen zwangsläufig folgten. Die Härte des Versailler Vertrages mußte sozusagen unausweichlich eine nationale Gegenbewegung hervorrufen, die denn auch im Nationalsozialismus entstand. Gewisse zusätzliche Probleme insbesondere wirtschaftlicher Natur, die Inflation und die Wirtschaftskrise, verhalfen dann dem Nationalsozialismus zum Sieg. Es begann eine schreckliche Abirrung deutscher Geschichte, unverzeihlich in ihren Ausmaßen, aber doch verständlich in ihrem Ursprung. Die schlimmsten Abirrungen treffen im übrigen nicht das deutsche Volk, sondern seine Verführer. Wenngleich also der Zweite Weltkrieg nicht ausschließlich Hitlers Werk ist, so trägt er doch in diesem Falle die Hauptschuld...

Dahrendorf, Ralf: Gesellschaft und Demokratie in Deutschland, München 1971 (dtv 757), S. 26 [Originalausg. erschien zuerst 1968] **[7,8]**

Vgl. Text 7.

Erwartungen eines Nationalsozialisten (1932) **Text 5**

Aus einer langen Unterhaltung mit einem nationalsozialistischen Schullehrer, der arbeitslos und infolgedessen Kunde der Suppenküche war, aber um so mehr Zeit hatte, sich mit der Politik zu beschäftigen, ergab sich folgendes Programm der Dinge, die von der Hitlerregierung erwartet werden:

A. Außenpolitik:

1. Hitler wird den Versailler Vertrag zerreißen.
2. Hitler wird den Franzosen sagen, sie sollen sich die Tributgelder in der Hölle holen gehen.
3. Hitler wird die allgemeine Militärdienstpflicht wieder einführen und das alte deutsche Heer mit mindestens 600000 Mann wieder aufstellen.
4. Frankreich wird es nicht wagen, auch nur das geringste gegen uns zu unternehmen. Sollte es aber das Rheinland zu besetzen versuchen, so werden wir die Franzosen hinauswerfen.
5. Hitler wird den Polnischen Korridor, den deutschen Teil Oberschlesiens und

unsere Kolonien wieder holen; wenn Frankreich manierlich ist, kann es Elsaß-Lothringen erhalten.

B. Innenpolitik:

1. Hitler wird die Republik abschaffen.
2. Hitler wird allen Erwerbslosen Arbeit geben.
3. Hitler wird die kommunistische Partei auflösen.
4. Hitler wird die Juden aus Deutschland vertreiben.
5. Hitler wird ein Deutschland für die Deutschen schaffen, und wenn sich Ausländer hier betätigen wollen, werden sie sehr auf der Hut sein müssen.

Knickerbocker, Hubert Renfro: Deutschland – so oder so?, Berlin (Rowohlt) 1932, S. 80/81 **[9, 10]**
Vgl. Texte 7, 16.

Kühnl: Die ‚Machtergreifung' **Text 6**

Wenn hier von der Unterstützung der herrschenden Klasse als einer notwendigen Voraussetzung für die „Machtergreifung" des Faschismus gesprochen wurde, so ist damit nicht nur die finanzielle Hilfe durch einige Industrielle gemeint. Gemeint ist vielmehr, daß die Polizei den faschistischen Terror duldet (wie in Italien und in einigen Ländern Deutschlands), daß die Justiz die Aktionen und Staatsstreichpläne der Faschisten nicht verfolgt, sondern deckt (wie in Italien und in Deutschland), daß das Militär die Faschisten mit Waffen versorgt (wie in Italien) oder die „Machtergreifung" wohlwollend toleriert (wie in Italien und in Deutschland), daß die bürgerliche Presse um Verständnis für die Faschisten und ihre Aktionen wirbt (wie in Italien und in Deutschland), daß Kirche und Monarchie zu einem Bündnis mit dem Faschismus bereit sind (wie in Italien) und vor allem: daß die einflußreichste Fraktion, das Kapital, zu dem Ergebnis kommt, daß die bürgerliche Demokratie ihren Zwecken nicht mehr dient und daß deshalb ein faschistisches System errichtet werden müsse.

Kühnl, Reinhard: Formen bürgerlicher Herrschaft. Liberalismus – Faschismus, Reinbek (Rowohlt) 1971, S. 105 (rororo aktuell 1342) **[7, 23, 43]**
Vgl. Texte 10, 11, 31, 72, 76, 77, 80

Sozialstruktur der NSDAP vor 1933 **Text 7**

Auf den ersten Blick fällt die vielfältige soziologische Schichtung der NSDAP, ihre gleichsam volksparteiliche Struktur auf. Unverkennbar ist dennoch der relativ hohe Anteil der mittelständischen bzw. „kleinbürgerlichen" Sozial- und Berufs-Gruppen. Angestellte, Handwerker, Kaufleute, Beamte, freie Berufe waren prozentual in der NSDAP fast doppelt so stark vertreten wie in der Gesamtheit der Berufstätigen. Der hohe Anteil der Bauern in der NSDAP ist um so bemerkenswerter, als die bäuerliche Bevölkerung normalerweise weniger zu aktiver parteipolitischer Betätigung neigt als die städtische. Die Arbeiterschaft war, verglichen mit ihrem Anteil an der Gesamtheit der Berufstätigen in Deutschland, in der NSDAP deutlich unterrepräsentiert, immerhin entfielen auf sie vor 1930 28 Prozent und zwischen 1930 und 1933 sogar 33,5 Prozent der berufstätigen Parteimitglieder. [...] Das soziologische Bild der NSDAP würde sich zweifellos noch deutlicher in Richtung auf den unteren Mittelstand verschieben, wenn man ähnlich wie die Mitgliedschaft auch die Wähler-

Erwerbstätige im Reich und in der NSDAP nach sozialen und Berufs-Gruppen

Erwerbstätige	Im Reichsgebiet (Volkszählung von 1925)	v.H.	In der NSDAP vor dem 14.9.1930	v.H.	Unter den neuen NSDAP-Mitgliedern (zw. 14. 9. 1930 und 30. 1. 1933)	v.H.	v.H. der NSDAP-Mitgl. unter den Erwerbstätigen (vor dem 30.1.1933)
Arbeiter	14443000	45,1	34000	28,1	233000	33,5	1,9
Selbständige							
a) Land- u. Forstwirtschaft (Landwirte)	2203000	6,7	17100	14,1	90000	13,4	4,9
b) Industrie u. Handwerk (Handwerker und Gewerbetreibende)	1785000	5,5	11000	9,1	56000	8,4	3,9
c) Handel u. Verkehr (Kaufleute)	1193000	3,7	9900	8,2	49000	7,5	4,9
d) Freie Berufe	477000	1,5	3600	3,0	20000	3,0	4,9
Beamte							
a) Lehrer	334000	1,0	2000	1,7	11000	1,7	4,0 (a und b)
b) Andere	1050000	3,3	8000	6,6	36000	5,5	
Angestellte	5087000	15,9	31000	25,6	148000	22,1	3,4
Mithelfende Fam.-Angehörige (meist weibl.)	5437000	17,3	4400	3,6	27000	4,9	0,6
Insgesamt	32009000	100	121000	100	670000	100	2,5

schaft der NSDAP im Hinblick auf soziale und Berufs-Gruppen exakt messen könnte. Als erwiesen kann z.B. gelten, daß der überwiegende Teil der Kleinbauern und Häusler (landwirtschaftliche Betriebe mit weniger als 5 Hektar machten in Deutschland 1925 rund 75 Prozent der Gesamtzahl, aber nur ein Sechstel der Gesamtfläche aus!) im Jahre 1932 die NSDAP wählte. Ähnliches gilt wohl auch von den Millionen von Angestellten, Rentnern, Pensionären, kleinen Kaufleuten, Handwerkern, die – ökonomisch gesehen – vielfach auf proletarischer Stufe lebten, sich aber sozial zum Mittelstand gehörig fühlten und folglich durch die Wirtschaftskrise psychologisch besonders hart getroffen wurden.

Broszat, Martin: Der Staat Hitlers (dtv Weltgeschichte des 20. Jahrhunderts, Band 9; dtv 4009), München 1969, S. 50–52 **[10]**

Vgl. Texte 73, 77.

Regionale Verteilung der NSDAP-Stimmenanteile Text 8

Bei den Reichstagswahlen 1930 und 1932 waren die Gebiete mit den

höchsten NSDAP-Stimmenanteilen:

		%
14. 9. 1930	*Reichsdurchschnitt:*	*18,3*
	Schleswig-Holstein	27,0
	Pommern	24,3
	Südhannover-Braunschweig	24,3
	Breslau	24,2
	Chemnitz-Zwickau	23,8
	Pfalz	22,8
	Frankfurt (Oder)	22,7
	Ostpreußen	22,5
	Osthannover	20,6
	Weser-Ems	20,5
		%
31. 7. 1932	*Reichsdurchschnitt:*	*37,4*
	Schleswig-Holstein	51,0
	Osthannover	49,5
	Frankfurt (Oder)	48,1
	Liegnitz	48,0
	Pommern	47,9
	Ostpreußen	47,1
	Chemnitz-Zwickau	47,0
	Südhannover-Braunschweig	46,1
	Mecklenburg	44,8
	Pfalz	43,7
		%
6. 11. 1932	*Reichsdurchschnitt:*	*33,1*
	Schleswig-Holstein	45,7
	Chemnitz-Zwickau	43,4
	Pommern	43,1
	Osthannover	42,9
	Frankfurt (Oder)	42,6
	Pfalz	42,6
	Liegnitz	42,1
	Hessen-Nassau	41,2
	Südhannover-Braunschweig	40,6
	Breslau	40,4

niedrigsten NSDAP-Stimmenanteilen:

		%
14. 9. 1930	*Reichsdurchschnitt:*	*18,3*
	Württemberg	9,4
	Oppeln	9,5
	Westfalen-Nord	12,0
	Niederbayern	12,0
	Berlin	12,8
	Leipzig	14,0
	Köln-Aachen	14,5
	Koblenz-Trier	14,9
	Dresden	16,1
	Oberbayern-Süd	16,3
		%
31. 7. 1932	*Reichsdurchschnitt:*	*37,4*
	Köln-Aachen	20,2
	Niederbayern	20,4
	Berlin	24,6
	Westfalen-Nord	25,7
	Düsseldorf	27,0
	Oberbayern-Schwaben	27,1
	Westfalen-Süd	27,2
	Koblenz-Trier	28,8
	Oppeln	29,3
	Württemberg	30,3
		%
6. 11. 1932	*Reichsdurchschnitt:*	*33,1*
	Köln-Aachen	17,4
	Niederbayern	18,4
	Westfalen-Nord	22,3
	Berlin	22,5
	Düsseldorf	24,2
	Oberbayern-Süd	24,6
	Westfalen-Süd	24,8
	Koblenz-Trier	26,1
	Württemberg	26,2
	Oppeln	26,3

Informationen zur politischen Bildung, Folge 123: Der Nationalsozialismus 1919–1933, Bonn (Bundeszentrale für politische Bildung) 1967, S. 21

Vgl. Text 3. **[11]**

Die Jugend in der Politik nach dem Ersten Weltkrieg Text 9

Als das letzte Kriegsjahr zu Ende ging, wurden in Deutschland zwar Achtzehnjährige und noch Jüngere eingezogen, aber prinzipiell kann man sagen, daß ein Junge, der 1918 18 Jahre alt war und heute 32 ist, nicht gedient hat. Mit 20 Jahren gewinnt man in Deutschland das Wahlrecht. In der Altersklasse zwischen 20 und 32 Jahren sind also die Männer und Frauen zu suchen, die den Krieg mit Kinderaugen gesehen und nicht an ihm teilgenommen haben, aber heute in einem Alter stehen, das es ihnen ermöglicht, einen stets stärker werdenden Einfluß auf die Regierung zu nehmen.

Die 13570000 Deutschen dieses Alters erklären vieles. Vor allem erklären sie Hitler. Ohne diese Jugend, die er durch die Jugendlichkeit seiner Gefühle gewonnen hat, wäre Hitler noch heute Führer einer obskuren Partei, die wahrscheinlich so klein wäre, daß sie nicht einmal ein Reichstagsmandat hätte. Hitler selbst zeichnet sich durch ein ganz bestimmtes jugendliches Empfinden aus, das ihn viel jüngeren Männern sympathisch macht. Er sieht die Dinge von dem mehr oder weniger einfachen Standpunkt der Jugend, von dem Standpunkt, der alles in Begriffen der Willenskraft mißt: alles ist möglich, wenn man es nur stark genug will. Diese Jugend hält es für möglich, alles über Nacht zu ändern, und glaubt, daß zum Abschütteln des „französischen Joches" nichts weiter gehört als Mut. Die Führer anderer Parteien sagen ihr, daß noch sehr viel mehr dazu gehört als Mut, daß Geduld dazu gehört und Zeit und Diplomatie; Hitler sagt ihnen: ‚Alles, was dazu gehört, ist Schneid.' Sie folgt Hitler. Aber nicht ungeteilt. Die wesentlichste Eigenschaft des Radikalismus wie der Jugend, der Glaube, ist auch das Hauptcharakteristikum des Kommunismus.

Knickerbocker, Hubert Renfro: Deutschland – so oder so?, Berlin (Rowohlt) 1932, S. 185 **[10]**

Hitler 1931 über seine Bewegung und das Bürgertum **Text 10**

Hitler: Ich brauche das deutsche Bürgertum nicht, das Bürgertum braucht mich und meine Bewegung. Ich habe die nationalsozialistische Idee in die Welt geworfen und werde diese Idee brutal und, wenn es sein muß, mit Gewalt durchsetzen. Ich fühle mich in dieser Beziehung als Beauftragter des Schicksals, als Trommler, wie man mich nennt, und ich werde mit meiner Bewegung trommeln, bis Deutschland erwacht. Die NSDAP hat eines vor dem deutschen Bürgertum voraus: die Totalität der Anschauung. Das deutsche Bürgertum, das in den letzten vierzig Jahren jammervoll versagt hat und das dem deutschen Volke nicht einen einzigen Führer geschenkt hat, wird sich widerspruchslos dieser Totalität meiner Anschauung unterordnen müssen. Ich werde keine Konzessionen machen.

[...] Der Tag der Abrechnung ist nicht mehr fern. Die Zahl der Industriellen, Finanzleute, der Intellektuellen und Offiziere wird immer größer, die nach einem Mann verlangt, der endlich Ordnung im Hause schafft, der die Bauern, die Arbeiter und die Beamten wieder in die deutsche Volksgemeinschaft einbezieht. Die Krise hat ihren Höhepunkt noch nicht erreicht. Die Arbeitslosigkeit kann man nicht mit Wochengeldern und gemeinsamen Eintopfgerichten beheben. Die Arbeitslosigkeit und die Wirtschaftskrise sind Wasser auf die Mühlen der Kommunisten. Der Bolschewik Trotzki ruft die Sozialisten und die Kommunisten auf, gegen den Nationalsozialismus eine Front zu bilden. Die Hochfinanz muß einsehen, daß man mit einer marxistischen Einheitsfront die Wirtschaftskrise nicht überwinden kann. Es gibt aber auch Finanzmänner, die mit Korruptionsgeldern unsere nationalsozialistische Bewegung zu sprengen versuchen. Sie richten Bittschriften an Hindenburg und verleumden uns als Provokateure. Unser Auftreten in den Straßen sei eine Herausforderung der öffentlichen Ordnung. Wir kämpfen aber für eine Ordnung, für die Lösung der Krise und für die Behebung der Anarchie.

Calic, Edouard: Ohne Maske. Hitler – Breiting Geheimgespräche 1931, Frankfurt (Societäts-Verlag) 1968, S. 23/24. **Vgl. Texte 31, 76, 77.** **[10, 23]**

Die Machtergreifung und die Ausbildung des Führerstaats — Text 11

Weimarer Verfassung

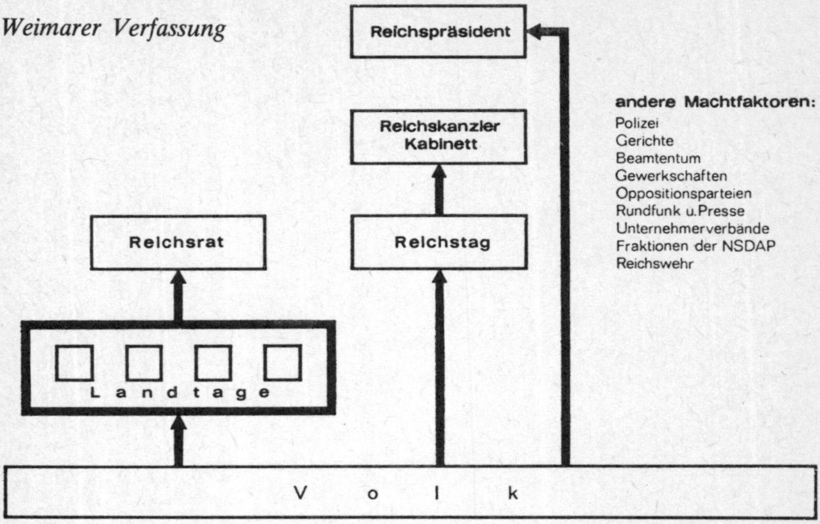

1. Februar/März 1933 – Konstituierung der SA als Hilfspolizei und Gründung der Gestapo
2. 28. Februar 1933 – „Notverordnung zur Abwehr kommunistischer staatsgefährdender Gewaltakte"
3. 23. März 1933 – Ermächtigungsgesetz
4. März/April 1933 – Gleichschaltung der Länder, Umbesetzung der Landtage
5. 7. April 1933 – „Gesetz zur Wiederherstellung des Berufsbeamtentums"
6. 2. Mai 1933 – Zwangsauflösung der Gewerkschaften
7. Juni/Juli 1933 – Zwangsauflösung und Verbot der politischen Parteien
8. Ende 1933 / Anfang 1934 – Völlige Unterstellung der Polizei unter Himmler und Göring
9. Herbst 1933 – „Schriftleitergesetz" und andere Bestimmungen zur Reglementierung des geistigen und kulturellen Lebens
10. 27. Februar 1934 – „Wirtschaftsaufbaugesetz"
11. Juni/Juli 1934 – Röhm-Affäre
12. August 1934 – Tod Hindenburgs und Gesetz über die Verschmelzung der Ämter von Reichskanzler und Reichspräsident
13. August 1934 – Neuvereidigung der Wehrmacht auf Hitler

Schlott, Gerhart: Lehrdiagramme im Geschichts- und Sozialkundeunterricht, in: Geschichte in Wissenschaft und Unterricht (GWU) 6/67 (Ernst Klett Stuttgart), S. 349–360 (hier: S. 353–355) **[12, 14]**
Vgl. Text 6.

Hitler über das Führertum — Text 12

Die junge Bewegung ist ihrem Wesen und ihrer inneren Organisation nach antiparlamentarisch, d.h. sie lehnt im allgemeinen wie in ihrem eigenen inneren Aufbau ein Prinzip der Majoritätsbestimmung ab, in dem der Führer nur zum Vollstrecker des Willens und der Meinung anderer degradiert wird. Die Bewegung vertritt im kleinsten wie im größten den Grundsatz der unbedingten Führerautorität, gepaart mit höchster Verantwortung.

Die praktischen Folgen dieses Grundsatzes in der Bewegung sind nachstehende: Der erste Vorsitzende einer Ortsgruppe wird durch den nächsthöheren Führer eingesetzt, er ist der verantwortliche Leiter der Ortsgruppe. [...] Der gleiche Grundsatz gilt für die nächsthöhere Organisation, den Bezirk, den Kreis oder den Gau. Immer wird der Führer von oben eingesetzt und gleichzeitig mit unbeschränkter Vollmacht und Autorität bekleidet. [...]

Es ist eine der obersten Aufgaben der Bewegung, dieses Prinzip zum bestimmenden nicht nur innerhalb ihrer eigenen Reihen, sondern auch für den gesamten Staat zu machen.

Hitler, Adolf: Mein Kampf, 78.–84. Auflage München (Franz Eher) 1933, S. 378/379 **[15]**

Vgl. Texte 13, 14, 18, 21, 69, 70.

Die NSDAP als Prototyp einer faschistischen Führerpartei **Text 13**

Die Ohnmacht der Mitglieder tritt in der *NSDAP* noch unverhüllter hervor als bei kommunistischen Parteien. Die NSDAP schließt die Mitbestimmung der Mitglieder nicht nur tatsächlich aus; das Führerprinzip als wichtigstes Leibild der Organisation ist auch ideologisch als *Gegenmodell zu jeder Mitbestimmung von unten* konzipiert. Bereits die Satzung der NSDAP vom 22. Mai 1926 verleiht dem Vorsitzenden der Partei alle wichtigen Entscheidungsbefugnisse: Er bestellt die wichtigsten Gremien durch Ernennung und ist an Mehrheitsbeschlüsse von Ausschüssen nicht gebunden.

In der Zeit vor der Machtergreifung verfügte die NSDAP über relativ straff organisierte und disziplinierte untere Organisationseinheiten, vor allem im Bereich der ihr angegliederten paramilitärischen Kampforganisation, der SA. Nach der Machtergreifung und insbesondere nach der Entmachtung der SA 1934 stützte sich die NSDAP hauptsächlich auf Ortsgruppen mit relativ großer, heterogener Mitgliedschaft. Diese Ortsgruppen wurden zwar nach dem Führerprinzip geleitet und in Zellen und Blocks unterteilt, doch war die Kontrolle und Überwachung der Mitglieder nie so intensiv wie z. B. bei kommunistischen Parteien. Besondere Ausleseverfahren und -kriterien der Parteimitglieder gab es – abgesehen von „rassischen" – nicht; allerdings wurde nach 1933 der massenhafte Mitgliederstrom durch Aufnahmesperren reguliert. 1935 waren 5,4% aller Wahlberechtigten Mitglieder der NSDAP.

Auf den höheren Organisationsebenen ist für die NSDAP von Beginn an und verstärkt seit der Machtergreifung das *Nebeneinander von Organisationen, Ämtern und Kompetenzen* kennzeichnend. Mit Ausnahme von konkurrierenden Parteien, Gewerkschaften und konfessionellen Verbänden wurden die bestehenden Institutionen und Organisationen nach der Machtergreifung nicht aufgelöst, sondern gleichgeschaltet. Nur ein Teil der gleichgeschalteten Organisationen, z. B. die Studentenschaft, wurde direkt in die Partei eingegliedert; andere ständische Organisationen, z. B. die Deutsche Arbeitsfront und der Reichsnährstand, wurden der NSDAP angegliedert oder untergeordnet. Zugleich aber war die Partei nicht die einzige Organisation, die die Gesellschaft kontrollierte und in das System integrierte; sie war auch keineswegs das einzige, ja nicht einmal das wichtigste Machtzentrum. Neben ihr standen die staatliche Bürokratie, die Wehrmacht, anfangs die SA, später die SS und der Polizeiapparat, schließlich die Großindustrie, deren Macht und Besitz – mit Ausnahme jüdischer Unternehmer – im NS-Staat nicht angetastet wurden, sondern auf Grund des in den Betrieben eingeführten Führerprinzips, der Aufrüstung und des Lohnstopps eher wuchsen. Von einer „führenden Rolle der Partei", etwa im Sinne kommunistischer Systeme, konnte im Dritten Reich keine Rede sein. Auch die *verwirrende Vielfalt der Unter-, Neben- und Hilfsorganisationen,* wobei sich zudem noch staatliche und parteiinterne Organisationseinheiten überschnitten und ständig Kompetenzkonflikte ausbrachen, hatte ihre Funktion: Nach dem Prinzip des „Teile und herrsche" sicherte sich der Führer die letzte Entscheidung in Konflikten und verhinderte zugleich, daß einer seiner Unterführer zu mächtig wurde. Das in der Ideologie postulierte *Führerprinzip* erhielt dadurch seine organisatorische Grundlage.

Zeuner, Bodo: Innerparteiliche Demokratie, Berlin (Colloquium-Verlag) 1970, S. 28/29 **[14, 15]**
Vgl. Texte 12, 22, 39, 40, 41, 68.

Karikatur eines totalitären Staates? **Text 14**

Man stellte sich das Dritte Reich als einen totalitären Staat vor, „durch und durch organisiert" (Kogon), gleichsam fugenlos jeden einzelnen Staatsbürger erfassend und einem einheitlich-zentralen Willen unterwerfend. Die Nationalsozialisten schienen einen uralten Traum der Deutschen verwirklicht zu haben: den starken Staat, in dem nur ein Wille galt, der Wille des Führers, in dem nur eine politische Weltanschauung maßgeblich war, die Weltanschauung der NSDAP, in dem nur eine Ordnungsmacht herrschte, die SS-Polizei. Der Traum vom starken Staat blieb eine Halluzination. Das Dritte Reich war kein totalitärer Staat, wohl aber dessen Karikatur – Karikatur all der Träume, Hoffnungen und Ideen, die einst die NS-Führer in den Aufbau des autoritären Staates investiert hatten. Der totale Führerstaat, so fand der Historiker Buchheim, war „kein bis ins kleinste ausgeklügelter Apparat, kein bis ins letzte rationalisiertes System, sondern ein Gewirr von Privilegien und politischen Beziehungen, Kompetenzen und Bevollmächtigungen und schließlich ein Kampf aller gegen alle, der seinerzeit mit dem schönen Ausdruck ‚NS-Kampfspiele' bezeichnet wurde". [...]

Total war im nationalsozialistischen Deutschland nur der Wille Hitlers, der mit sogenannten Führer-Erlassen und Führer-Befehlen ein 80-Millionen-Volk regierte. Soweit die Absichten des Führers formuliert und dekretiert wurden, besaß auch die SS als das wichtigste Instrument der Führerdiktatur absolute Macht. In den Augen der SS hatte aber der launenhafte Führer einen Fehler: Nicht immer gab er in Befehlen kund, was er wollte, nicht jeder Lebensbereich des Staates wurde von Führerbefehlen gedeckt. Da das Reichskabinett nicht mehr tagte und Hitler in seinem Führerhauptquartier den Ministern immer ferner rückte, waren oft die Objekte der Führerbefehle Produkte des Zufalls.

Zudem gehörte es zu Hitlers Führungskunst, das Zentrum politischer Macht in den Reihen der engsten Mitarbeiter ständig zu verlagern, um das Aufkommen unerwünschter Rivalen zu verhindern. Ein ungeschriebenes Gesetz der Führerdiktatur besagte, nirgends dürfe eine staatliche oder gesetzliche Struktur entstehen, die Hitlers Bewegungsfreiheit einenge. Nicht monolithische Einheit bestimmte das NS-Regime, sondern die „Anarchie der Vollmachten", wie es der enttäuschte NS-Rechtswahrer Hans Frank nannte. Hitler wollte an keine Hierarchie gebunden sein, deshalb delegierte er seine Aufträge an möglichst viele kleine Hierarchien. Ein mehr instinktives als ausgeklügeltes Verfahren der Multiplikation verhinderte, daß einer der Unterführer sich mit einem Rivalen gegen Hitler verschwören konnte. Es entstand ein seltsames System „dauernder Selbstbehinderung" (Hannah Arendt): Die Einschaltung vieler Machtträger für die Lösung der gleichen Aufgabe sicherte dem Diktator jegliche Unabhängigkeit gegenüber den Unterführern, zugleich aber wurde der Staat zum Schauplatz eines Kompetenzkrieges, der die Leistungsfähigkeit der staatlichen Maschinerie stärker lähmte als der von den Nazis verachtete Parteienkampf demokratischer Staatswesen. Der Staat war zum unpolitischen Verwaltungsapparat degradiert, zu einer Fassade, hinter der sich die Machtträger des Regimes ihre Kompetenzschlachten lieferten.

Höhne, Heinz: Der Orden unter dem Totenkopf. Die Geschichte der SS, Band 1, Frankfurt (Fischer 1052) 1969, S. 15/16 **[14, 15]**
Vgl. Texte 12, 13, 22, 41.

Hitler: Die Propaganda — Text 15

Jede Propaganda hat volkstümlich zu sein und ihr geistiges Niveau einzustellen nach der Aufnahmefähigkeit des Beschränktesten unter denen, an die sie sich zu richten gedenkt. Damit wird ihre rein geistige Höhe um so tiefer zu stellen sein, je größer die zu erfassende Masse der Menschen sein soll. Handelt es sich aber, wie bei der Propaganda für die Durchhaltung eines Krieges, darum, ein ganzes Volk in ihren Wirkungsbereich zu ziehen, so kann die Vorsicht bei der Vermeidung zu hoher geistiger Voraussetzungen gar nicht groß genug sein [...]

Je bescheidener dann ihr wissenschaftlicher Ballast ist und je mehr sie ausschließlich auf das Fühlen der Masse Rücksicht nimmt, um so durchschlagender der Erfolg. Dieser aber ist der beste Beweis für die Richtigkeit oder Unrichtigkeit einer Propaganda und nicht die gelungene Befriedigung einiger Gelehrter oder ästhetischer Jünglinge. Gerade darin liegt die Kunst der Propaganda, daß sie, die gefühlsmäßige Vorstellungswelt der großen Masse begreifend, in psychologisch richtiger Form den Weg zur Aufmerksamkeit und weiter zum Herzen der breiten Masse findet. Daß dies von unseren Neunmalklugen nicht begriffen wird, beweist nur deren Denkfaulheit oder Einbildung.

Versteht man aber die Notwendigkeit der Einstellung der Werbekunst der Propaganda auf die breite Masse, so ergibt sich weiter schon daraus folgende Lehre: Es ist falsch, der Propaganda die Vielseitigkeit etwa des wissenschaftlichen Unterrichts geben zu wollen.

Die Aufnahmemöglichkeit der großen Masse ist nur sehr beschränkt, das Verständnis klein, dafür jedoch die Vergeßlichkeit groß. Aus diesen Tatsachen heraus hat sich jede wirkungsvolle Propaganda auf nur sehr wenige Punkte zu beschränken und diese schlagwortartig so lange zu verwerten, bis auch bestimmt der Letzte unter einem solchen Worte das Gewollte sich vorzustellen vermag. Sowie man diesen Grundsatz opfert und vielseitig werden will, wird man die Wirkung zum Zerflattern bringen, da die Menge den gebotenen Stoff weder zu verdauen noch zu behalten vermag.

Hitler, Adolf: Mein Kampf, S. 197/198 **[19]**
Vgl. Texte 16, 17.

Technik totalitärer Propaganda **Text 16**

	NS	Kommunismus
1. Urfeind	Judentum	Kapitalismus
2. Feindbild	Weltherrschaftsstrebern aus Profitgier	Weltherrschaftsstreben aus Profitgier
3. Feindschuld	verlorener Krieg Inflation Arbeitslosigkeit Dekadenz	alle Kriege Arbeitslosigkeit Massenelend Dekadenz
4. Identifizierung der Sekundärgegner mit dem Urfeind	Schriftsteller Bolschewisten Kapitalisten Sozialdemokraten Freimaurer Kirchen	Diversanten Sozialdemokraten nichtkomm. Gewerkschaften Kirchen
5. Zukunftsverheißung	Zeitalter der Herrenrassen nach Ausrottung des Judentums	Zeitalter des Kommunismus nach Ausrottung des Kapitalismus und Militarismus
6. Forderung nach Vertrauen und politischer Vollmacht		

Schlott, Gerhard: Lehrdiagramme im Geschichts- und Sozialkundeunterricht, in GWU 6/67, S. 349 bis 360; hier: S. 356. **Vgl. Texte 15, 70, 71. [19]**

Propaganda mit filmischen Tugenden **Text 17**

Die romantische Vorstellung einer Volksgemeinschaft, vereinigt durch die harmonische Abhängigkeit voneinander und die gemeinsame, freudige Ausrichtung auf einen Führer, hat an sich noch nichts Faschistisches. Primitive Gesellschaften sind häufig derart strukturiert. Das, was wir als Faschismus bezeichnen, entsteht erst, wenn man eine komplexe Gesellschaft wie etwa die Deutschlands nach dem Ersten Weltkrieg ins soziale Prokrustesbett eines derartigen Ideals preßt. Und daß die Riefenstahl an diesem Bett gesungen hat, das macht gerade, so seltsam das klingt, ihr Dokumentarfilm vom Nürnberger Parteitag *Triumph des Willens* deutlich. Die Amerikaner haben ihr seltsamerweise den Film als Dokument und nicht als Propaganda durchgehen lassen, mit der Begründung, sie habe kein anderes Material verwendet als das, worauf sich auch die Wochenschauen stützen, und sie habe sich jeden Kommentars enthalten. Die Russen, mit den Theorien von Eisenstein und Pudowkin ausgestattet, hätten vermutlich anders reagiert. Denn wenn das Wort Propaganda überhaupt einen Sinn hat, dann bei diesem Film.

Riefenstahls wirklich geniale filmische Sensibilität hatte keine Worte nötig (tatsächlich ist sie die einzige Filmemacherin, deren Filme durchwegs die ersten 20 Minuten ohne jeglichen Dialog oder gesprochenes Wort auskommen). Sie ist eine Meisterin suggestiver, symbolischer Montage und kann starre, handlungslose Bilder derart dramatisch gestalten, wie es nur noch Walt Disney gelungen ist. Wie dieser mit seinen Tierfilmen zur Verhaltensforschung steht, so steht die Riefenstahl zum kritischen Dokumentarfilm: Die dramatisch-ästhetische Idee biegt und bricht sich ihre Wirklichkeit zusammen, sie selbst kann Wirklichkeit nicht sein.

Wenn Rudolf Heß etwa in seiner Rede davon spricht, daß Deutschland unter seinem Führer wieder Heimat geworden sei, dann schneidet die Riefenstahl bei diesem magischen Wort eine alte Frau mit Tränen in den Augen und dann ein kleines sorglos spielendes Mädchen dazwischen; wenn sie von ihren wundervoll poetischen Bildern des morgendlich dämmrigen Nürnbergs harmonisch bedeutsam zum Parteitag zurückkommen will, dann blendet sie langsam und sehr deutlich von den beiden Türmen der Sebalduskirche auf die in derselben graphischen Perspektive aufgenommenen Zeltreihen der Wehrmacht auf der Zeppelinwiese; wenn Hitler in einem von der HJ überfüllten Stadion erwartet wird, dann zeigt sie zuerst einen kleinen Jungen, der frech auf einen Fahnenmast klettert, um auch noch etwas mitzubekommen, dann den einmarschierenden Hitler und dann wieder den Jungen, der glücklich auf seinem Mast Sicht auf den Führer hat. Das sind nur die kleinen, leicht übersehbaren Mittel, mit denen die Riefenstahl eine emphorische emotionale Bewegung in den Film bringt, die mit dem Charakter eines Dokumentarfilms nicht mehr das geringste zu tun hat.

Limmer, Wolfgang: Die gefährliche Harmonie der Riefenstahl. Zur Retrospektive ihrer Filme im Münchner Filmmuseum, in: Süddeutsche Zeitung, 22. 7. 1975 **[19]**

Vgl. Text 15.

2.2. Gesellschaft

Hitler: Gesellschaftspolitische Ziele — Text 18

[Die nationalsozialistische Bewegung] sieht den Höchstwert im Volkstum und der Rasse an sich, sie baut auf auf der Einschätzung der Persönlichkeit, und sie erzieht zur Bereitwilligkeit des Opferns, zur Bejahung des Kampfes. [...] Die neue Bewegung lehnt kategorisch jede Standes- und Klasseneinteilung ab und proklamiert an deren Stelle eine zusammenfassende deutsche Einstellung. Sie bildet sich nicht ein, daß diese Umstellung allein durch fromme Belehrung zu erreichen sei. Nein, sie ist überzeugt, daß die Bewegung zunächst in sich selbst den Beweis für die Möglichkeit einer solchen Umstellung zu liefern habe und weiter, daß die allgemeine Erziehung der Nation dereinst nach diesen Gesichtspunkten, wenn notwendig auch durch schwersten Kampf, zu erzwingen sein wird. Sie sieht das Recht hierzu in der Erkenntnis dieser Notwendigkeit. Damit setzt die Bewegung an Stelle der heute herrschenden internationalen Geistesrichtung bewußt und gewollt eine fest umrissene nationalistische; an Stelle der demokratischen Massenanbetung die bedingungslose Autorität der Persönlichkeit und an Stelle der pazifistischen Verseuchung die Erziehung zu Widerstand und Kampf.

Hitler, Adolf: Der Weg zum Wiederaufstieg, überreicht von Emil Kirdorf, München (Verlag Hugo Bruckmann) 1927; vollständig abgedruckt unter dem Titel: „Hitlers geheime Broschüre für Industrielle, 1927" in: Turner, Henry Ashby jr.: Faschismus und Kapitalismus in Deutschland. Studien zum Verhältnis zwischen Nationalsozialismus und Wirtschaft, Göttingen (Vandenhoeck und Ruprecht) 1972, S. 43–59 (hier: S. 55/56) **[18]**

Vgl. Text 69.

Die Familie in einem Lexikon der nationalsozialistischen Zeit — Text 19

Familie: [...] Betrachtet man als Sinn dieser Lebensgemeinschaft die Zeugung und Erziehung vieler erbgesunder und rassisch wertvoller Kinder, so ist die F.

mit Recht als die Grundzelle völkischen Lebens und damit auch des Staates anzusehen. Es ist deshalb die höchste Pflicht eines jeden gesunden Menschen, frühzeitig zur Gründung einer F. zu schreiten und damit den völkischen Bestand der Gesamtheit zu sichern und zu stärken. Die staatsbildenden und -erhaltenden Kräfte der F. wurden lange Zeit übersehen oder ungenügend unterstützt; Krieg, Wirtschaftskrisen zerstörten wichtigste Teile. Erst die seit 1933 von der nat.-soz. Regierung planmäßig betriebene Politik des Staatsaufbaues auf der sicheren Grundlage der sittlich, moralisch und wirtschaftlich gefestigten F. (Siedlung, Arbeitsbeschaffung, Ehestandsdarlehen, Patenstellen, Steuerermäßigung, Unterstützung kinderreicher Familien, Zurückführung der Frau aus ungeeigneten Berufen in die Familie) setzte die F. wieder an die ihr zukommende Stelle im Leben der menschlichen Gemeinschaft.

Das kluge Alphabet. Konversations-Lexikon in zehn Bänden, 3. Bd., Berlin (Propyläen-Verlag) 1935, S. 243/244 **[17]**

Erziehungsgrundsätze des völkischen Staates **Text 20**

Der völkische Staat hat [...] seine gesamte Erziehungsarbeit in erster Linie nicht auf das Einpumpen bloßen Wissens einzustellen, sondern auf das Heranzüchten kerngesunder Körper. Erst in zweiter Linie kommt dann die Ausbildung der geistigen Fähigkeiten. Hier aber wieder an der Spitze die Entwicklung des Charakters, besonders die Förderung der Willens- und Entschlußkraft, verbunden mit der Erziehung zur Verantwortungsfreudigkeit, und erst als Letztes die wissenschaftliche Schulung. Der völkische Staat muß dabei von der Voraussetzung ausgehen, daß ein zwar wissenschaftlich wenig gebildeter, aber körperlich gesunder Mensch mit gutem, festem Charakter, erfüllt von Entschlußfreudigkeit und Willenskraft, für die Volksgemeinschaft wertvoller ist als ein geistreicher Schwächling.

Hitler, Adolf: Mein Kampf, S. 452 **[18]**

Vgl. Texte 18, 21.

Ziele der Hitler-Jugend **Text 21**

Mit dem Grundsatz, daß Jugend durch Jugend selbst geführt werden müsse, um sich nicht von der Jugendbewegung zur Jugendpflege herabzuentwickeln, bekennt sich die HJ zu dem entscheidenden Gedanken, die Übertragung von Verantwortlichkeit als Erziehungsfaktor nutzbar zu machen; sie erzieht ihre Angehörigen zu Zucht und Ordnung und schult sie weltanschaulich. Aus ihr, der auf dem Leistungsprinzip aufgebauten Kameradschaft der kommenden Generation, rekrutiert sich der Nachwuchs der nat.-soz. Bewegung, der alljährlich am 9. Nov. feierlich in die Partei übergeführt wird. [...] Diese größte Jugendorganisation der Welt hat sich die Heranbildung eines neuen deutschen Menschen zum Ziel gesetzt, wie ihn unsere Zeit braucht: körperlich tüchtig und weltanschaulich gefestigt, geistig beweglich und gründlich gebildet. Körperl. Ausbildung und weltanschaulich-staatspolit. Erziehung obliegen allein der HJ; das ges. Erziehungswerk aber vollzieht sich in engster Zusammenarbeit mit Elternhaus und Schule. Mittel zur Arbeit sind der HJ u. a. Fahrt und Lager, Heimabende und Schulung.

Aus dem Stichwort „Hitler-Jugend", in: Das kluge Alphabet. Konversations-Lexikon in zehn Bänden, 4. Bd., Berlin (Propyläen-Verlag) 1934, S. 360/361 **[18]**

Vgl. Texte 12, 20, 46.

Das Leben unter totalitärer Herrschaft **Text 22**

Zum Verständnis der gesamten Entwicklung unter Hitlers Führung ist eine Überlegung notwendig: Das Geheimnis der Anziehungskraft des deutschen totalitären Regimes bestand für unser Volk darin, daß ja nicht schlichtweg von oben her regiert wurde, wie dies Brüning auf verwaltungsmäßig-autoritäre Art, angesichts des Versagens des Reichstages, und Papen in unmodernem aristokratischem Selbstgefühl zu praktizieren versucht hatten. Vielmehr geschah dies: Der Partei-Nebenstaat blieb erhalten, unter starker personeller Verfilzung mit dem alten Beamten- und Offiziers-Apparat des herkömmlichen Staates, aber er griff mit umfassenden Organisationen, ob sie nun die wehrfähigen Männer, die Frauen, die Jugend, die Professoren und Studenten, die Unternehmer- und Arbeiterschaft, die Bauern und Landarbeiter, die Künstler jeder Sparte oder soziale Bereiche, Hilfsorganisationen einer entchristlichten Caritas, die evangelische Kirche, neue Schulen der proletarischen Nation wie den Reichsarbeitsdienst oder die Sparten der Geheimpolizei und des Nachrichtendienstes betrafen, in das Leben des gesamten Volkes ein. Er griff nach jedem Bürger, der nur noch als Arbeiter angesehen wurde. Aber er beteiligte auch Hunderttausende, ja Millionen durch die Übertragung von tausenderlei Funktionen, durch die Verleihung pseudo-offiziersmäßiger oder pseudo-unteroffiziersmäßiger Ränge mit Uniform, ja oft mit Dienstwaffen, an der Macht des „Führers". Er lieh gerade dem kleinen Mann das Gefühl, daß er nicht Objekt, sondern tätiger Anteilhaber an allem großen Geschehen sei. Er gab dem Leben des einzelnen Deutschen einen neuen Stolz, einen Sinn des Lebens, der logischerweise auch den Sinn für das Sterben in sich schloß, den ehrenvollen Tod für eine große, eisern zusammengeschweißte Nation.

Und wer opponierte, wer nicht für würdig befunden wurde, an dieser Erlebenswelt teilzuhaben, die steter Emotionen und steter Inspiration bedurfte, wie sie auf den halb-kultischen, halb opernhaft theatralischen Parteifeiern, mit dem jährlichen Reichsparteitag in Nürnberg als Höhepunkt, geübt wurden, der war – im Grunde – des Todes würdig, ob es nun um Kirchenmänner ging, um „reaktionäre" Adelige oder Offiziere, oder um die deutschen Juden, die von vornherein entwürdigt wurden. Das waren Minderheiten. Und wann jemals hat die große Masse nach dem Einzelschicksal gefragt?

Das war die große Verführung für ein Volk, das sehr lange unter den zahlreichen Dynastien an eng gezirkelte Lebensverhältnisse, an gebundene Arbeitsordnungen, an Pflichten gewöhnt gewesen war, das die schwere Aufgabe demokratischer Selbstverantwortung nur kurze Zeit hatte studieren dürfen (zu kurze Zeit, um diese Kunst, die langer Gewöhnung bedarf, sich zu eigen zu machen) und das im Besitz dieser Freiheit die längste Zeit zwischen 1918 und 1933 nur Not und Existenzsorgen erfahren hatte. Die Deutschen haben nach 1945 nicht mehr wahrhaben wollen, daß die weit überwiegende Mehrzahl schließlich mit dem Regime zufrieden war, solange der Friede gewahrt blieb, zufrieden deshalb, weil der Herr Omnium, die vielbeschrieenen Massen, plötzlich eine neue Geltung und Zugang zu allen Gütern des Lebens gewannen. Daß es in Zirkeln der marxistischen Arbeiterschaft, innerhalb der Kirchen, unter der entmachteten alten aristokratisch-bürgerlichen, militärischen oder beamteten Oberschicht Unzufriedene gab, bedeutete lange Zeit nicht viel.

Görlitz, Walter: Adolf Hitler (= Persönlichkeit und Geschichte, Bd. 21/22), Göttingen (Musterschmidt-Verlag) 1960, S. 89–91 **[16]**

Vgl. Texte 13, 14, 24, 27, 29.

Deutsches Kabarett 1935 Text 23

Eine Szene aus dem Berliner Kabarett „Katakombe" aus dem Jahr 1935, gespielt von Werner Finck und Ivo Veit. Diese Szene wurde wesentlicher Bestandteil der Anklage vor dem Sondergericht. Am 10. Mai 1935 ließ Goebbels das Kabarett durch die Gestapo schließen, Werner Finck u.a. wurden in KZ-Haft gesetzt.

Fragment vom Schneider

SCHNEIDER: Womit kann ich dienen?
KUNDE: *(nebenbei)* Spricht der auch schon vom Dienen! *(Direkt)* Ich möchte einen Anzug haben. *(Pause)* Weil mir etwas im Anzug zu sein scheint...
SCHNEIDER: Schön.
KUNDE: Ob das so schön ist... na, ich weiß nicht...
SCHNEIDER: *(Etwas ungeduldig)* Na, was soll's denn nun sein? Ich habe neuerdings eine ganze Menge auf Lager.
KUNDE: Aufs Lager wird ja alles hinauslaufen.
SCHNEIDER: Soll's was Einheitliches oder was Gemustertes sein?
KUNDE: Einheitliches hat man jetzt schon genug. – Aber auf keinen Fall: Musterung!
SCHNEIDER: Vielleicht etwas mit Streifen?
KUNDE: Die Streifen kommen von alleine, wenn die Musterung vorbei ist. – An den Hosen wird sich ein Streifen ohnehin nicht vermeiden lassen...
SCHNEIDER: Fangen wir mal erst mit der Jacke an, wie wär' denn eine mit Winkel und Aufschlägen?
KUNDE: Ach, Sie meinen eine Zwangsjacke?
SCHNEIDER: Wie man's nimmt... Einreihig oder zweireihig?
KUNDE: Nur nicht diesreihig... *(halb gesprochen wie ‚dies Reich')*
SCHNEIDER: Wie wünschen Sie die Revers?
KUNDE: Recht breit, damit ein bißchen was draufgeht. Vielleicht gehen wir alle mal drauf. Immer feste druff, hat schon der Kronprinz gesagt.
SCHNEIDER: Dann darf ich vielleicht einmal Maß nehmen?
KUNDE: Doch, doch, das sind wir gewöhnt. *(Schneider nimmt Maß)*
SCHNEIDER: *(auf das Maßband blickend)* 14/18. Stehen Sie bitte gerade. –
KUNDE: Für wen? – Ach so.
SCHNEIDER: Und jetzt bitte den rechten Arm hoch. Mit geschlossener Faust – 18/19. Und jetzt mit ausgestreckter Hand... 33!... *(Pause)* Warum nehmen Sie denn den Arm nicht herunter? Was soll denn das bedeuten?
KUNDE: ...Aufgehobene Rechte!

Greul, Heinz: Bretter, die die Zeit bedeuten. Die Kulturgeschichte des Kabaretts, Bd. 2, München 1971 (dtv 744), S. 292/293

Vgl. Text 25.

Verfälschung des normalen Sozialverhaltens **Text 24**

Soweit es dem totalitären Machthaber gelingt, die Gesellschaft in den Griff zu bekommen und seinem pervertierenden Schema zu unterwerfen, ergibt sich als unvermeidliche Folge, daß die natürlichen Wechselbeziehungen zwischen dem Einzelnen und der Gesellschaft vergiftet und dadurch die Lebensäußerungen des Einzelnen schon in ihrem Ursprung verfälscht werden. Das Regime versteht sich darauf, jede spontane Entfaltung von sachlichem Können und gutem Willen, alles mitmenschliche Fühlen und Handeln für sich und seine Zwecke auszubeuten. Wenn im Dritten Reich BDM-Mädchen im Krankenhaus halfen oder ein SA-Mann eine blinde Frau über die Straße führte, so wurde das als eine Frucht nationalsozialistischer Erziehung gepriesen. In gleicher Weise stellen die Kommunisten einen guten Film, einen sportlichen Sieg, eine wissenschaftliche Entdeckung oder technische Erfindung als Zeugnisse des Willens zum Aufbau des Sozialismus hin. Ein Ausländer in Moskau kann seiner Bewunderung für die alten Kunstschätze im Kreml oder der Dankbarkeit für die Hilfsbereitschaft seines Dolmetschers keinen Ausdruck geben, ohne daß ihm das als eine Anerkennung des Kommunismus oder eine Demonstration für den „Frieden" ausgelegt wird.

Ein charakteristisches Beispiel dafür, wie sich das totalitäre Regime das normale Sozialverhalten der Menschen im kleinen Bereich alltäglichen Miteinanderlebens zunutze macht, bietet das „Winterhilfswerk" im Dritten Reich. Die Nationalsozialisten erklärten auch die Sammelerfolge als Zeichen des Sieges nationalsozialistischer Gesinnung im ganzen Volk; jede Spende wurde als Option für das Regime gedeutet. Wer diese Option konsequent hätte vermeiden wollen, hätte den Sammlern nichts geben dürfen, das heißt aber, er hätte sich im Alltagsbereich sozialen Lebens anomal verhalten müssen. Denn wer konsequent an allen Sammlern vorbeiläuft oder ihnen an der Wohnungstür nichts gibt, wird vom naiven Sozialempfinden seiner Mitmenschen, das im allgemeinen über die konkrete Einzelsituation nicht hinauszusehen vermag, mindestens als Sonderling empfunden, wenn er sich in ihren Augen nicht gar ins Unrecht setzt. An diesem harmlosen Beispiel wird die Grundform eines Dilemmas sichtbar, das unter totalitärer Herrschaft täglich tausendfach in den kleinen Gemeinschaften des Betriebes, der Kaserne, des Schulungsabends oder, wo es sonst sei, für jene entsteht, die durchschauen, wie das Regime das natürliche Sozialverhalten seiner Untertanen zu seinen Zwecken mißbraucht. Es erfordert ungewöhnliche Selbstsicherheit und viel politischen und menschlichen Takt, sich unter diesen Umständen bis an die Grenze des jeweils Möglichen dem in kleinste Alltagsforderungen aufgespaltenen Gesamtanspruch des Regimes zu entziehen, ohne dabei das naive Sozialempfinden seiner Mitmenschen zu kränken. Das Gefühl, solchen Anforderungen nicht gewachsen zu sein, ist vermutlich viel häufiger der Grund, daß die Menschen sich fügen, als die Angst vor Überwachung und Denunziation, die im allgemeinen doch erst bei ausgesprochen oppositionellem Verhalten drohen.

Buchheim, Hans: Totalitäre Herrschaft, München (Kösel) [4]1965, S. 48/49 **[16]**

Vgl. Text 22.

Der Flüsterwitz im Dritten Reich **Text 25**

Eine biedere Bäuerin kommt in das Arbeitszimmer des Herrn Lehrers und sieht zum ersten Male in ihrem Leben einen Globus auf dem Tisch stehen. Der Lehrer bemerkt ihr Interesse und erklärt ihr den Erdball. Sie will nun wissen, wo Amerika liegt. Hier, das ist Amerika. Ja, das ist groß! Und wo ist England? Dies ist England, und alle diese Länder gehören noch dazu! Oh, das sind aber viele! Und Rußland? Hier, das ist Rußland. Oh, das ist groß! Ja, Herr Lehrer, jetzt zeigen Sie mir aber auch mal Großdeutschland. Hier, liebe Frau, das Fleckchen hier, das rote, das ist Großdeutschland. Fassungslos starrt die gute Alte auf den kleinen Fleck und bricht in die Worte aus: „Ja, hat denn der Führer auch einen Globus?“

Welche Ähnlichkeit besteht zwischen dem Dritten Reich und einer Straßenbahn? Bei beiden steht vorn der Führer; hinter ihm steht das Volk; wer nicht hinter ihm steht, der sitzt. Zwischendurch wird kassiert. Abspringen während der Fahrt ist verboten.

Ein Engländer wird nach seinem Deutschlandbesuch gefragt, wie er die Deutschen gefunden habe. Er antwortet: „Oh, sie gefallen mir sehr gut, sie sind ehrlich, intelligent und nationalsozialistisch. Nur schade, daß diese drei Eigenschaften nie zusammentreffen. Ein Deutscher hat immer nur zwei davon. Entweder ist er ehrlich und intelligent, dann ist er nicht nationalsozialistisch, oder er ist intelligent und nationalsozialistisch, dann ist er nicht ehrlich, oder er ist ehrlich und nationalsozialistisch, aber dann ist er nicht intelligent.“

Beim Einzug des Führers in eine Stadt stehen kleine Mädchen mit Blumen Spalier. Eines davon streckt dem Führer ein Grasbüschel entgegen. „Was soll ich denn damit tun?“ fragt Hitler. „Essen“, antwortet die Kleine. „Die Leute sagen jeden Tag: Erst wenn der Führer ins Gras beißt, kommen bessere Zeiten.“

Zwei Irrenärzte begegnen einander. Der eine grüßt Heil Hitler! Darauf der andere: Heil du ihn!

Die Deutsche Verfassung ist bedeutend vereinfacht worden. Sie hat nur noch die folgenden drei Paragraphen: 1. Das deutsche Volk besteht aus dem Führer und den Angeführten. 2. Der Führer ernennt und erschießt seine Minister persönlich. 3. Alle Stände sind abgeschafft, insbesondere der Wohlstand und der Anstand. Zugelassen ist nur der Notstand.

Weiß-Ferdl hat von Hitler sein Bild mit eigenhändiger Unterschrift bekommen. „Das ist mein Freund, der Hitler“, sagt er. „Jetzt weiß ich nur net, soll ich ihn aufhängen oder an die Wand stellen?“

Hitler zu Mussolini: „Italien ist zu beneiden. Über Italien lacht immer der blaue Himmel.“ Darauf antwortet Mussolini: „Was heißt das schon? Über Deutschland lacht doch die ganze Welt!“

Weihnachten 1943 verlief nach folgendem Programm:
Die Engländer setzten die Christbäume,
die Flak lieferte die Kugeln,
Goebbels erzählte uns Märchen,
und wir saßen im Keller und warteten auf die Bescherung.

Gamm, Hans-Jochen: Der Flüsterwitz im Dritten Reich, München (List) 1963, S. 20, 21, 22, 53, 109, 112, 113, 150, 157/158

Vgl. Texte 23, 48.

Widerstand aus juristischer Sicht **Text 26**

Wenn eine Staatsführung den Boden des Rechts verläßt, das Unrecht zum Prinzip des Handelns macht und letztlich in wahnsinniger Verblendung eine gegenwärtige drohende Gefahr für Leib und Leben der Staatsbürger und damit für die Existenz eines ganzen Volkes heraufbeschwört, dann besteht ein sogenannter Staatsnotstand. Und wenn nun Bürger dieses Staates dieser verbrecherischen Staatsführung aktiv entgegentreten und sie zu beseitigen versuchen, um den drohenden Untergang ihres Volkes zu verhindern, dann sind sie nicht nur aus subjektiven Gründen frei von Schuld, sondern sie handeln rechtsmäßig, mag ihr Tun auch die äußeren Tatbestandsmerkmale des Hoch- und Landesverrates erfüllen. Denn was tun sie anderes, als den rechtswidrigen Angriff einer Staatsführung, die ihr Leben, ihre Freiheit und die höchsten Güter der Nation bedroht, von sich und ihrem Volk abzuwenden! Ihr Handeln ist ein Akt der sogenannten Staatsnotwehr.

Äußerung des Münchner Oberstaatsanwalts Hölper, zitiert in: Informationen zur politischen Bildung, Folge 160: Der deutsche Widerstand 1933–1945, Bonn (Bundeszentrale für politische Bildung) 1974, S. 2 **[21]**

Das doppelte Dilemma des deutschen Widerstandes **Text 27**

Wie aber kam es, daß das deutsche Volk ihm bis zuletzt gefolgt ist – daß erst sein Selbstmord und die Kapitulation die Herrschaft des Nationalsozialismus beendet haben? Es hat keineswegs an Männern und Kräften gefehlt, die die Katastrophe voraussahen und Hitlers Gewaltpolitik aus moralischen oder politischen Gründen – oft aus beiden zugleich – ablehnten und bekämpften. Das Unglück für Deutschland war, daß sie bei der Konzentration aller Macht in der Person Hitlers so schwer einen Ansatzpunkt für eine Gegenwirkung fanden. Besonders seit Hindenburgs Tod und der Vereinigung von Präsidenten- und Kanzleramt in der Hand des „Führers und Reichskanzlers“ gab es keine Instanz mehr, die Hitler hätte bremsen oder stürzen können. So schwach das italienische Königtum war – es war stark genug, Mussolini auszuschalten, als die Aussichtslosigkeit seines Krieges offensichtlich wurde, und Italien kam dank seines Abfalls zum Gegner glimpflich davon. In Deutschland blieb nur die Möglichkeit, nach Montesquieus Wort die absolute Herrschaft „durch Meuchelmord“ zu mäßigen. Zu ihm entschloß sich der deutsche Widerstand erst, nachdem vor 1939 mehrere Pläne, Hitler abzusetzen, an der Kette seiner Erfolge gescheitert waren. Auch das Attentat vom 20. Juli 1944 scheiterte jedoch – sein Gelingen hätte Deutschland viel Blut und Zerstörung erspart, aber wohl unvermeidlich eine überaus gefährliche Legende entstehen lassen: die Legende, daß Hitler, wäre er nicht beseitigt worden, das Schicksal noch hätte wenden können.

Um den erfolglos gebliebenen deutschen Widerstand gerecht zu beurteilen, muß man aber eines bedenken, was oft vergessen wird: so wohlbegründet er moralisch wie politisch war, stand er doch in einem doppelten Dilemma. Bei den Gegnern Deutschlands deckten sich Nationalgefühl und Widerstand, ja, der Nationalismus war das stärkste Motiv des Widerstands; außerdem band kein Eid dessen Vertreter an Hitler. In Deutschland konnten sich gerade die religiös oder moralisch stark Gebundenen schwer oder gar nicht über ihren Eid auf Hitler hinwegsetzen. Zudem lagen Nationalinteresse und Widerspruch in unüberbrückbarem Gegensatz, seit die Alliierten im Januar 1943 öffentlich die bedingungslose Kapitulation forderten und sich ihre Kriegsziele gegenüber Deutschland erkennen ließen. Solange noch irgendeine Aussicht auf Selbstbehauptung bestand oder zu bestehen schien, schreckte eine düstere Vorahnung des Kommenden auch erbitterte Gegner und Kritiker Hitlers von einem Widerstand ab – als diese Aussicht schwand, versuchten nicht nur Speer, sondern selbst Göring und Himmler durch eine im Nationalinteresse wurzelnde Wendung gegen Hitler zu retten, was noch zu retten war. Weil die Forderung nach bedingungsloser Kapitulation diesen Widerstand lange Zeit verhinderte, ist es nicht ganz ohne Grund (obgleich gewaltig übertrieben), wenn man sie „die teuerste Fehlentscheidung der Neuzeit" genannt hat.

Buchner, Rudolf: Deutsche Geschichte im europäischen Rahmen, Darmstadt (Wissenschaftliche Buchgesellschaft) 1975, S. 454–456 **[21]**

Vgl. Texte 22, 24.

2.3. Wirtschaft

Hitler: Die Bedeutung der Grundfläche des Staates — Text 28

Die Außenpolitik des völkischen Staates hat die Existenz der durch den Staat zusammengefaßten Rasse auf diesem Planeten sicherzustellen, indem sie zwischen der Zahl und dem Wachstum des Volkes einerseits und der Größe und Güte des Grund und Bodens andererseits ein gesundes, lebensfähiges, natürliches Verhältnis schafft. Als gesundes Verhältnis darf dabei immer nur jener Zustand angesehen werden, der die Ernährung eines Volkes auf eigenem Grund und Boden sichert. [...] Nur ein genügend großer Raum auf dieser Erde sichert einem Volke die Freiheit des Daseins.

Hitler, Adolf: Mein Kampf, S. 728

Vgl. Texte 34, 35.

Wirtschafts- und Sozialpolitik — Text 29

Bei prinzipieller Erhaltung des Privateigentums an Wirtschaftsgütern und Unternehmen wurde die deutsche Wirtschaft in ein gelenktes System mit dem Ziel der Autarkie überführt. Es war durch Erzeugungsplanung, Einfuhr- und Ausfuhrlenkung, Rohstoffzuteilung, Auftrags- und Kreditlenkung, Preisüberwachung und Devisenlenkung streng nach wehrwirtschaftlichen Zwecken reguliert. [...] In der Arbeits- und Sozialpolitik erstrebte der Nationalsozialismus Leistungssteigerungen durch feste Unterordnung von Unternehmen und Arbeitnehmern unter die Staatsgewalt, durch Verbot von Streik und Aussperrung, durch Einführung staatl. Tarifordnungen an Stelle der Tarifverträge, durch ein autoritäres Bestimmungsrecht der „Betriebsführer" in den Betrieben und durch soziale Ehrengerichtsbarkeit (Gesetz zur Ordnung der nationalen Arbeit 20. 1. 1934). Die Freiheit der Arbeitsverträge wurde durch „Lohnstopp" und erzwungenen „Arbeitseinsatz" aufgehoben.

Stichwort „Nationalsozialismus" (Wirtschafts- und Sozialpolitik), in: Brockhaus-Enzyklopädie, 13. Bd., Wiesbaden 1971, S. 227 **Vgl. Text 50. [22, 23]**

Die wirtschaftliche Kriegsvorbereitung — Text 30

Als die Erkenntnis von den bestehenden großen Lücken auf dem Ernährungs- und Rohstoffgebiet und ihre Gefahr für einen Kriegsfall immer größer wurde, schritt der Führer zur entscheidenden Tat durch Verkündung des Vierjahresplanes auf dem Reichsparteitag 1936. Durch Verordnung vom 18. 10. 36 wurde Ministerpräsident Göring mit der Durchführung des Vierjahresplanes beauftragt und ihm die einheitliche Lenkung aller Kräfte des deutschen Volkes und die straffe Zusammenfassung aller einschlägigen Zuständigkeiten in Partei und Staat übertragen. Mit dieser Maßnahme wurde ein bedeutsamer Teil der wirtschaftlichen Kriegsvorbereitung eingeleitet. Die Arbeiten des Vierjahresplanes lagen in der Hauptsache auf vier Gebieten:

a) in der Steuerung der deutschen Devisen-Wirtschaft,
b) in der Steuerung der Maßnahmen zur Förderung unserer Ernährungsfreiheit,
c) in den Maßnahmen zur Besserung unserer Rohstofflage,
d) in der Steuerung des Arbeitseinsatzes für die Rüstung und die sonstigen Vorhaben der öffentlichen Hand.

[...] Zusammenfassend kann gesagt werden, 1) daß die Wirtschaft bei Kriegsbeginn arbeits- und leistungsmäßig auf einem gewissen Höchststande stand, daß aber noch höhere Leistungen hätten herausgeholt werden können, wenn man rechtzeitig eine weitsichtige Planung mit einer Dringlichkeitsordnung geschaffen hätte; 2) daß die Ernährungs- und Rohstofflage wohl für einen kurzen Krieg gesichert war, für einen langen Krieg aber nicht genügte.

Aus der Niederschrift des Generals G. Thomas (Chef des Wehrwirtschafts- und Rüstungsstabes im OKW) über „Grundlagen für eine Geschichte der deutschen Wehr- und Rüstungswirtschaft" (1933–1939) (Entwurf 1944), S. 2 und 8, in: Ausgewählte Dokumente zur Geschichte des Nationalsozialismus 1933–1945, hrsg. von H.-A. Jacobsen und W. Jochmann, Bielefeld (Verlag Neue Gesellschaft) 1961 **Vgl. Texte 32–35. [22]**

NSDAP und Großindustrie — Text 31

Daß es ein Bündnis zwischen Großindustriellen und führenden Nationalsozialisten gab, steht außer Zweifel. Daß es den um ihre ökonomische Basis ebenso wie um ihre gesellschaftliche Anerkennung besorgten Nazis dienlich war, dieses Bündnis einzugehen, läßt sich ebenso wenig bezweifeln. Ob der Nutzen für die Förderer ebenso groß war, ist dagegen schon die Frage. Es darf immerhin nicht übersehen werden, daß die schwindenden Parteien der Mitte bei der Industrie bis zuletzt in höherer Gunst standen als die NSDAP – und die Richtung der Wirtschaftspolitik einer nationalsozialistischen Regierung mußte nach dem verworrenen Programm der Partei zumindest als ziemlich ungewiß bezeichnet werden. Nimmt man die Materialien marxistischer Theoretiker, besorgter Gewerkschaftler und Nürnberger Richter zusammen, so erlaubt die Verbindung von NSDAP und Großindustrie jedenfalls auch eine ganz andere Erklärung. Mindestens so wahrscheinlich wie eine Verschwörung zu gemeinsamem Nutzen erscheint dann die Vermutung, daß die Industriellen sich vor allem rückzuversichern suchten. Sie unterstützten spät und mit mäßigen Mitteln eine Partei, von der sie befürchten mußten, daß sie bald Regierungspartei sein würde. Dabei verhielten sie sich so, wie man es von einem ängstlichen Kartellgenossen erwartet hatte, nämlich defensiv und konzeptionslos, besorgt um den Status quo wenn nicht der politischen Ordnung, dann doch der eigenen Position. Daß einzelne Unternehmer über solche Rückversicherungs-Verträge hinausgingen, kann heute wohl als sicher gelten; aber im ganzen erweckt das vielzitierte Bündnis von Großindustrie und Nationalsozialismus eher den Anschein eines vorsorglich-ängstlichen Werbens um Wohlwollen bei den antizipierten Herren der Zukunft.

Dahrendorf, Ralf: Gesellschaft und Demokratie in Deutschland, München 1971 (dtv 757), S. 410/411

Vgl. Texte 6, 10, 75, 76. **[23]**

Text 32

Der Spiegel, 21/1973 **[22]**

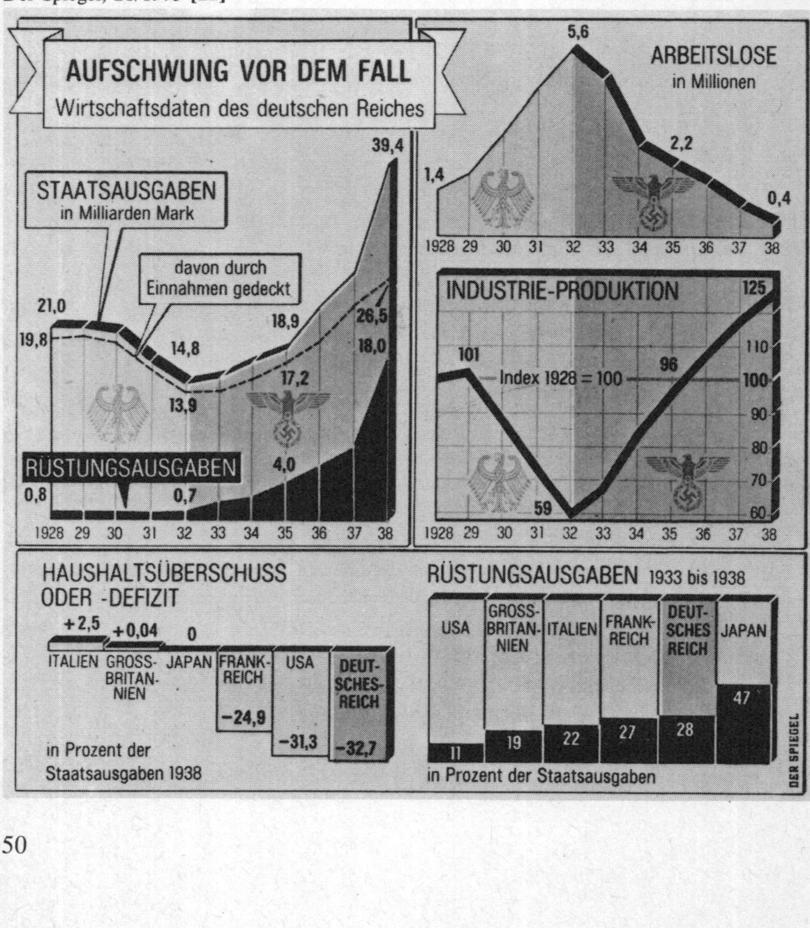

Daten zur wirtschaftlichen Entwicklung 1928/29–1937 — Text 33

	1928	1929	1932	1933	1934	1935	1936	1937
1. Bruttosozialprodukt (Mrd. RM)	—	89,0	58,0	59,0	67,0	74,0	83,0	93,0
2. davon Rüstungsausgaben (%)	—	1,0	1,0	3,0	6,0	8,0	13,0	13,0
3. davon Konsum (%)	—	72,0	81,0	78,0	75,0	72,0	65,0	64,0
4. Beschäftigung (Mill.; Jahresdurchschnitt)	—	18,4	12,9	13,4	15,5	16,4	17,6	18,9
5. Durchschnittliche Arbeitszeit in der Industrie (wöchentlich)	—	46,04	41,47	42,94	44,56	44,44	45,56	46,06
6. Löhne und Gehälter insgesamt (Mrd. RM)	44,9	—	27,4	27,7	31,2	35,4	37,7	41,5
7. Vermögens- und Unternehmereinkommen + unverteilte Gewinne insgesamt (Mrd. RM)	25,6	—	15,6	16,7	19,4	22,1	25,2	28,6
8. Durchschnittliche Stundenverdienste in der Industrie (Arb.) Index 1932 = 100	—	132,7	100,0	96,9	99,3	100,8	102,5	104,6
9. Wochenverdienste (Arb.) Index 1932 = 100	—	149,4	100,0	102,2	109,7	112,3	116,6	120,6
10. Lebenshaltungsindex (amtlich) 1932 = 100	—	127,7	100,0	97,8	100,4	102,0	103,2	103,7
11. Gewerbliche Gütererzeugung insgesamt; Index 1928 = 100	—	100,9	58,7	65,5	83,3	95,8	106,7	116,7
12. Produktionsgüter Index 1928 = 100	—	103,2	45,7	53,7	—	99,4	112,9	126,0
13. Verbrauchsgüter Index 1928 = 100	—	98,5	78,1	82,9	—	91,0	97,5	102,8

Mason, Timothy W.: Sozialpolitik im Dritten Reich. Arbeiterklasse und Volksgemeinschaft, Opladen (Westdeutscher Verlag) 1977, S. 149. **[22]**

Struktur des Außenhandels nach Warengruppen in Prozent 1913–1970 — Text 34

a) *Import*

Jahr	Nahrungsmittel	Rohstoffe	Halbfabrikate	Fertigwaren
1913	38	35	17	10
1928	41	28	18	13
1937	38	37	18	7
1950	44	30	14	12
1970	19	14	16	50

b) *Export*

Jahr	Nahrungsmittel	Rohstoffe	Halbfabrikate	Fertigwaren
1913	12	13	11	64
1928	7	12	12	69
1937	1	10	9	80
1950	2	14	19	65
1970	4	2	8	86

1950 und 1970 nur Bundesrepublik Deutschland

Hardach, Karl: Wirtschaftsgeschichte Deutschlands im 20. Jahrhundert, Göttingen (Vandenhoeck & Ruprecht) 1976 (= Kleine Vandenhoeck-Reihe 1411), S. 258. **[22]**

Produktion wichtiger Grundstoffe 1928–1939 **Text 35**

	1928	1935	1938	1939
Steinkohlenförderung	150871000 t	151908000 t (einschl. Saargebiet)	186186000 t	187956000 t
Braunkohlenförderung	165185000 t	147005000 t	194985000 t	212109000 t
Erdölförderung	92000 t	427000 t	609000 t (einschl. Österreich)	885000 t
Eisenerzförderung	6475000 t	6044000 t	12351000 t	14710000 t
Benzine aller Art (aus Mineralöl)	241000 t	877800 t (1936)	1494000 t (einschl. Österreich)	
Treibstofferzeugung der Hydrier-Synthesewerke	—	—	766000 t	1049600 t
Kunstkautschukerzeugung	—	—	5200 t	22400 t

Informationen zur politischen Bildung, Folge 127: Der Nationalsozialismus 1939–1945, Bonn (Bundeszentrale für politische Bildung) 1968, S. 12.

Vgl. Text 55. **[22]**

2.4. Bilanz

Text 36

Die zwölf Jahre nationalsozialistischer Herrschaft hinterließen ein politisches und moralisches Trümmerfeld ohnegleichen. Das Scheitern der kontinentalen Hegemonial- und der Weltherrschaftspläne Adolf Hitlers vollendete den relativen Gewichtsverlust Europas gegenüber den weltpolitischen Flügelmächten und brachte dessen Aufspaltung zwischen antagonistischen Machtblöcken. Die militärische und politische Niederlage des Dritten Reiches warf die deutsche Staatsbildung hinter die Phase der nationalen Einigungsbewegung zurück und beendete einen epochalen Rückfall hinter die wie immer brüchigen Traditionen der abendländischen Zivilisation. Die Bilanz der Zerstörung übertraf alles bisher Dagewesene. Mehr als 35 Millionen Tote, die planmäßige Verwüstung breiter Landstriche in Ost- und Ostmittelleleuropa, die ökonomische Ausraubung der vom Dritten Reich okkupierten west- und südosteuropäischen Länder, schließlich schwerste Zerstörungen in Deutschland selbst als Folge der alliierten Luftoffensive und sinnlos gewordener Verteidigung in den letzten Monaten und Wochen des Krieges stellen die wichtigsten europäischen Resultate der von Hitler mutwillig entfesselten militärischen Auseinandersetzung von 1939 bis 1945 dar. Schwerer wiegen im Bewußtsein der Völker die Verbrechen des nationalsozialistischen Regimes: die Ermordung von mehr als $5^1/_2$ Millionen europäischer Juden, die Liquidierung von anderthalb Millionen russischer Kriegsgefangener, der Tod von Tausenden deutscher und europäischer Antifaschisten in den Konzentrationslagern und den Gefängnissen der Gestapo, das zur Aufrechterhaltung der deutschen Rüstung ins Leben gerufene System der Zwangsarbeit, das auch Angehörige der neutralen Nachbarvölker betraf, die medizinischen Experimente mit Menschen, die Euthanasie, der Raub von als „eindeutschungsfähig" deklarierten Kindern fremder Nationalität und die planmäßige zynische Mißachtung des Prinzips der Menschlichkeit, wo immer die nationalsozialistischen Machthaber auftraten.

Mommsen, Hans: Der Nationalsozialismus. Kumulative Radikalisierung und Selbstzerstörung des Regimes, in: Meyers Enzyklopädisches Lexikon, Bd. 16, S. 785–790 (hier: S. 785) (Bibliographisches Institut Mannheim, Lexikonverlag) 1976 **Vgl. Texte 1, 2, 22, 27, 32.**

3. Der Stalinismus

3.1. Herrschaftssystem

Stalin: Kommunistische Zukunftsvorstellungen (1927) Text 37

Will man in aller Kürze die Anatomie der kommunistischen Gesellschaft skizzieren, so wird das eine Gesellschaft sein: a) in der es kein Privateigentum an Produktionsinstrumenten und -mitteln, sondern nur gesellschaftliches, kollektives Eigentum an ihnen geben wird; b) in der es keine Klassen und keine Staatsmacht, sondern Schaffende der Industrie und der Landwirtschaft geben wird, die sich als eine freie Assoziation der Werktätigen wirtschaftlich selbst verwalten werden; c) in der die Volkswirtschaft, nach einem Plan organisiert, auf der höchstentwickelten Technik sowohl in der Industrie als auch in der Landwirtschaft basieren wird; d) in der es keinen Gegensatz zwischen Stadt und Land, zwischen Industrie und Landwirtschaft geben wird; e) in der man die Produkte nach dem Prinzip der alten französischen Kommunisten verteilen wird: „Jeder nach seinen Fähigkeiten, jedem nach seinen Bedürfnissen"; f) in der Wissenschaft und Kunst sich unter so günstigen Verhältnissen entwickeln werden, daß sie zur vollen Blüte gelangen werden; g) in der die Persönlichkeit, befreit von der Sorge um das Stück Brot und von der Notwendigkeit, sich an die „Mächtigen dieser Welt" anzupassen, wirklich frei sein wird. Und so weiter und so fort. Es ist klar, daß wir von einer solchen Gesellschaft noch weit entfernt sind.

Stalin: Werke, Bd. 10, S. 116f; zitiert nach: Oberländer, Erwin: Stichwort „Kommunismus", in: Marxismus im Systemvergleich, hrsg. von C. D. Kernig, Abtlg. Grundbegriffe, Bd. 2, Frankfurt/New York (Herder & Herder) 1973, Sp. 128 **[36]**
Vgl. Texte 16, 44, 46, 49, 62.

Gründe für den Sieg der Bolschewisten 1917 Text 38

War der Machtwechsel unausweichlich? Erfolgte er, wie der Marxismus-Leninismus bis heute behauptet, aufgrund einer wissenschaftlich bestimmbaren Gesetzmäßigkeit im Prozeß des historischen Geschehens? – Vergegenwärtigen wir uns zunächst die ganz konkreten Gründe, die dazu geführt haben, daß die revolutionäre Bewegung in Rußland – noch dazu so schnell – in den bolschewistischen Umsturz einmündete. Die Provisorische Regierung und die sie tragenden demokratischen Kräfte bürgerlich-liberaler und sozialistischer Herkunft und Prägung scheiterten,

– weil sie trotz nicht mehr vorhandener Gewinnchancen den Krieg fortsetzten, anstatt dem völlig kriegsmüden Volk den ersehnten Frieden zu bringen;

– weil sie die Dynamik der agrarischen Revolution mit dem Landhunger der

Bauern bei weitem unterschätzten und sie sich zu keinen durchgreifenden Sofortmaßnahmen im Sinne der bäuerlichen Bevölkerung entschließen konnten;

– weil sie die föderalistische Umgestaltung Rußlands, von der die Beilegung des nicht minder explosiven Nationalitätenproblems abhängig war, ebenfalls vor sich herschoben und die prinzipielle Entscheidung darüber ebenso wie über die Agrarfrage einer frei gewählten Verfassungsgebenden Versammlung überlassen wollten, ohne in der Lage zu sein, die rechtzeitige Schaffung dieser Institution zu bewerkstelligen;

– weil sie – und das war letztlich wohl entscheidend – trotz Bildung und Erfahrung kein klares Verhältnis zu Wesen und Gebrauch der Macht besaßen, weil sie zwar die Verwaltung kannten, nicht aber mit der Machtausübung vertraut waren.

Die Bolschewisten dagegen machten sich in außerordentlich geschickter Weise die beiden Hauptwünsche und -forderungen der revolutionären Masse zu eigen, sofort und um jeden Preis Frieden zu schließen und das Land der Gutsbesitzer zur individuellen Nutzung unter die Bauern aufzuteilen. Dabei wurde bewußt unklar gehalten bzw. verschleiert, was „Nationalisierung des gesamten Bodens" in letzter Konsequenz zu bedeuten hatte. Vor allem aber war niemand so gut und so gründlich in der Handhabung der Macht geschult wie die bolschewistischen Berufsrevolutionäre, und niemand war von einem so unbändigen und skrupellosen Willen beseelt, Macht zu erlangen und auszuüben wie ihr Führer Lenin.

Informationen zur politischen Bildung, Folge 113/115: Die Sowjetunion 1917–1972, Bonn (Bundeszentrale für politische Bildung) 1972, S. 2/3 **Vgl. Text 2. [28]**

Die kommunistische Kaderpartei **Text 39**

Mit Ausnahme der russischen Bolschewisten entstanden die kommunistischen Kaderparteien nach dem Ersten Weltkrieg im Zuge der weltweiten Spaltung der Arbeiterbewegung in einen sozialdemokratisch-reformistischen und einen revolutionär-kommunistischen Flügel. Die Grundeinheit ihrer Organisation ist seit den zwanziger Jahren die *Zelle.* Sie unterscheidet sich in vier Punkten von der Ortsgruppe der Massenpartei:

– Ihre Mitgliederzahl ist relativ klein (15–50 Mitglieder; in der SED 1967 im Schnitt etwa 30 Mitglieder),

– die Aufnahme ist von besonderen Zuverlässigkeitsprüfungen abhängig (Kandidatenzeit; in der SED ein Jahr);

– ihr Schwerpunkt liegt in den Betrieben und – als Konsequenz aus diesen drei Merkmalen –

– sie können das einzelne Mitglied weitaus totaler erfassen und sind deshalb politisch schlagkräftiger.

Im Gegensatz zur Ortsgruppe eignet die Zelle sich auch für illegale und konspirative Tätigkeit. Ziel der Zellenorganisation war ursprünglich weniger die parlamentarische Vertretung als die *revolutionäre Aktion:* Ihr Vorbild ist die von *Lenin* geformte *Kommunistische Partei der Sowjetunion.* Ebenso wie die einzelnen Mitglieder durch die überschaubare Größe der Grundeinheiten, die intensive Schulung und den ständigen Kontakt im Betrieb von der Zellenleitung intensiv kontrolliert werden, unterliegen die Zellenleitungen einer straffen Kontrolle durch die Parteizentralen. Das *Organisationsprinzip des „demokratischen Zentralismus“* besagt zweierlei:

– Demokratische Willensbildung und demokratische Führerauswahl von unten nach oben.

– Vollständige Unterwerfung der unteren Organe unter die – demokratisch gefaßten – Beschlüsse der höheren Organe.

In der Praxis setzte sich freilich vor allem in der KPdSU immer stärker das Prinzip der Unterwerfung unter die Zentrale auf Kosten der demokratischen Willensbildung durch. Schon unter *Lenin* wurde der Mitbestimmung von unten ein wichtiger Weg verbaut, als 1921 jede *Fraktionsbildung,* also jeder Zusammenschluß Gleichgesinnter zu gemeinsamer Vertretung ihrer Ziele innerhalb der Partei, verboten und bekämpft wurde. Unter *Stalin* wurde die KPdSU vollends zum *willenlosen Instrument ihres allmächtigen Generalsekretärs:* Der demokratische Zentralismus unterschied sich kaum noch vom faschistischen Führerprinzip. Etwas anders verlief die organisatorische Entwicklung der kommunistischen Parteien in den Ländern, in denen sie nicht an der Macht waren. Zwar übernahmen auch sie die leninistische Doktrin des demokratischen Zentralismus und des Fraktionsverbots, aber sie unterschieden sich in zwei Punkten von der KPdSU:

– Ihrer Führung fehlten die *staatlichen Machtmittel* zur Durchsetzung ihres Unterwerfungsanspruchs gegenüber Abweichlern; im Gegenteil zwangen die Bedingungen, unter denen diese Parteien arbeiteten, sie zumindest zeitweilig zu einer gewissen innerparteilichen Toleranz.

– Während die nicht-regierenden Parteien ihr Ziel der Durchdringung aller staatlichen und gesellschaftlichen Bereiche mit Hilfe der *Massenagitation* vorantreiben mußten, konnte die KPdSU sich zu diesem Zweck der *Kaderpolitik* bedienen, d.h. der Besetzung aller Schlüsselstellungen in ökonomischen, gesellschaftlichen und staatlichen Bereichen durch besonders geschulte und ständig von der Zentrale überwachte Führungskräfte. Die Personalpolitik gewann für die KPdSU und später auch für die regierenden kommunistischen Parteien Osteuropas eine ganz andere Dimension als für die westlichen kommunistischen Parteien: Sie wurde zum zentralen Steuerungsinstrument der Parteiführung.

Fraktionsbildungsverbot, Allmacht der zentralen Organe und zentralisierte Auswahl des Führungspersonals unter dem Gesichtspunkt der Linientreue sind die wichtigsten Merkmale einer nach dem sowjetischen Vorbild ausgerichteten kommunistischen Kaderpartei.

Zeuner, Bodo: Innerparteiliche Demokratie, Berlin (Colloquium-Verlag) 1970, S. 26/27 **[15]**

Vgl. Texte 13, 41, 42, 44, 66.

Mitgliederzahlen der KPdSU **Text 40**

1917	23600	1925	801804	1945	5760369	1976	15690000
1918	115000	1926	1079814	1961	9716000		
1921	576000	1933	3555338	1966	12471071		
1924	472000	1938	1920002	1971	14370000		

Rauch, Georg von: Machtkämpfe und soziale Wandlungen in der Sowjetunion seit 1923 (Quellen- und Arbeitshefte zur Geschichte und Politik), Stuttgart (Ernst Klett) ³1975, S. 22. – Die Zahlen für 1971/1976 nach: Osteuropa 8/9, 1976, S. 643
Vgl. Texte 13, 39.

Kontroll- und Steuerungssysteme im totalitären Kommunismus — Text 41

Verhältnis Partei – Regierung, – Justiz, – Bürokratie, – Wirtschaft usw.

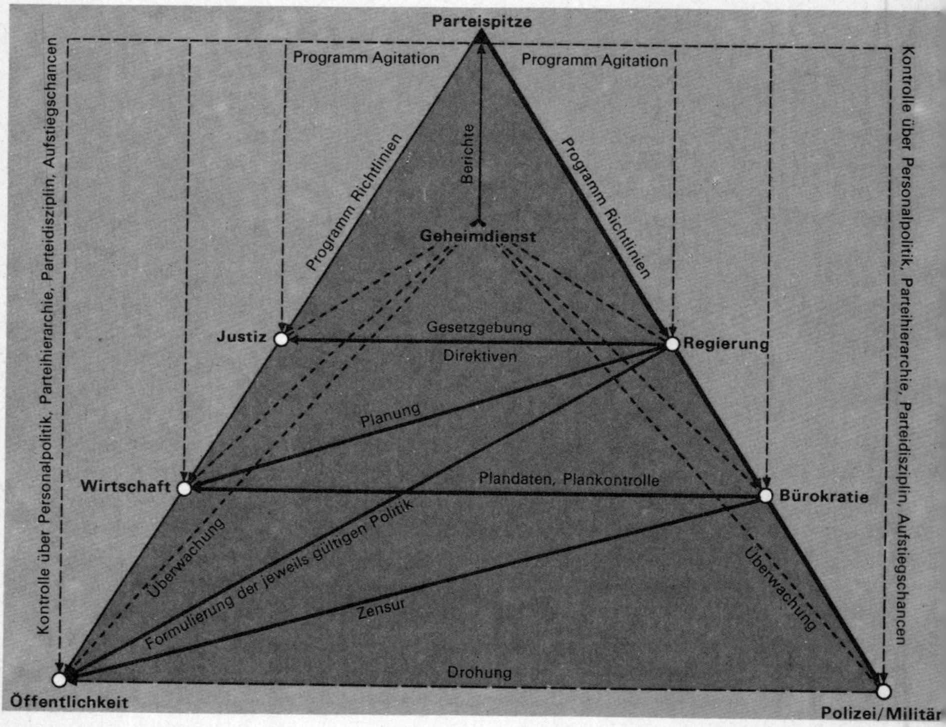

Der Neue Herder, Bd. 12, Freiburg (Herder) 1972, S. 528 [15]
Vgl. Texte 11, 49, 57, 61.

Stalinismus — Text 42

In den zwanziger Jahren entwickelte sich in der Sowjetunion ein neuartiges politisches und gesellschaftliches System, das wesentlich von Joseph W. Stalin geprägt wurde und das daher mit „Stalinismus" zutreffend definiert ist. Der Stalinismus ging zwar aus dem Leninismus hervor, er bedeutete gleichwohl aber die Negierung vieler Prinzipien des Kommunismus. Auch wenn die Entartung des revolutionären Sowjetregimes zum Stalinschen Polizeistaat bereits in der Lenin-Ära wurzelte, entwickelte sich unter Stalin doch eine durchaus eigenständige neue gesellschaftliche und politische Ordnung.

Werner Hofmann definierte den Stalinismus als „exzessiv machtorientierte

Ordnung der Innen- und Außenpolitik einer Gesellschaft des erklärten Überganges zum Sozialismus“ [Hofmann, Werner: Stalinismus und Antikommunismus, Frankfurt 1967, S. 13]. Der Stalinismus ist m. E. allgemeiner als die Herrschaft der Apparate, der Bürokratie zu kennzeichnen. Auf der Grundlage der revolutionären Veränderungen (Staatseigentum an Produktionsmitteln, Planwirtschaft, Macht der Kommunistischen Partei) bestimmten die Führung und der Apparat (d. h. die hauptamtlichen Angestellten in Partei, Verwaltung, Wirtschaft, Massenorganisationen und Kommunikationsmitteln, das Offizierskorps der Armee und die Geheimpolizei) als politisch und materiell privilegierte Oberschicht über Arbeiter, Bauern und Intelligenz.

Die politische Form des Stalinismus war die kommunistische Einparteienherrschaft; bei völliger Ausschaltung der innerparteilichen Demokratie lag die gesellschaftliche und politische Entscheidungsgewalt und damit die Macht in den Händen der hierarchisch strukturierten Parteispitze. Die Volksvertretungen (Sowjets) wurden nicht von der Bevölkerung, sondern von der Partei eingesetzt und übten lediglich Scheinfunktionen aus. Die Partei beherrschte auch die Staatsverwaltung, die Justiz und die Massenorganisationen, die straff zentralistisch aufgebaut wurden; sie verfügte über das Monopol der Meinungsbildung. Weitere Kennzeichen des Stalinismus waren das Fehlen jeder politischen Freiheit und Diskussion in Gesellschaft, Staat und Partei, die Beherrschung des öffentlichen Lebens und terroristische „Säuberungen“ durch die politische Geheimpolizei, Militarisierung und Reglementierung aller Lebensbereiche, Ausschaltung der Grundrechte des Bürgers, chauvinistische Unterdrückung der nichtrussischen Nationalitäten der UdSSR, schließlich eine dogmatische Ideologie („Marxismus-Leninismus“), die die Herrschaft der Apparate verschleiern und absichern sollte und im Personenkult um Stalin gipfelte. Als soziale Merkmale des Stalinismus sind zu nennen: eine starke soziale Differenzierung der Gesellschaft, die Beherrschung der zentralistisch geplanten, verstaatlichten bzw. kollektivierten Wirtschaft durch den Apparat, eine materielle Privilegierung der bürokratischen Oberschicht, das Fehlen jeder ernsthaften Mitbestimmung der Arbeiter und Bauern in der Wirtschaft und im Betrieb, die völlige Unterordnung der Gewerkschaften unter den Löhne und Normen festsetzenden Staat, die Ein-Mann-Leitung in Betrieb und Gesamtwirtschaft. Die Machtausübung im Stalinismus stellte eine politische Willkürherrschaft dar; die despotische Gewalt der Führung war in der Realität weder durch Gesetze noch durch Institutionen beschränkt. [...] Der Stalinismus war Gewalt par excellence, und zwar Gewalt in der barbarischsten Form des Terrors.

Weber, Hermann: Stalinismus, in: Aus Politik und Zeitgeschichte. Beilage zur Wochenzeitung Das Parlament, B 4/77, S. 5–17 (Hier: S. 5/6) **[15]**

Vgl. Texte 49, 52, 57, 58, 60, 61.

Chruschtschows „Geheimrede“ auf dem XX. Parteitag (1956) Text 43

Stalin hielt sich nicht damit auf, die Menschen zu überzeugen, aufzuklären und geduldig mit ihnen zusammenzuarbeiten, sondern er zwang anderen seine Ansichten auf und verlangte absolute Unterwerfung unter seine Meinung. Wer sich seiner Konzeption widersetzte oder einen eigenen Standpunkt zu vertreten, die Korrektheit der eigenen Position zu beweisen suchte, wurde unweigerlich aus dem Führungskollektiv ausgeschlossen und anschließend sowohl moralisch als auch physisch vernichtet. Dies zeigte sich in besonderem Maße in der Zeit nach dem XVII. Parteitag, als zahlreiche prominente Parteiführer und einfache Parteimitglieder, die der Sache des Kommunismus mit aufrichtiger Hingebung dienten, dem Despotismus Stalins zum Opfer fielen. [...] In dieser Periode, von 1935 bis 1938, begann die Massenunterdrückung durch den Regierungsapparat. Sie richtete sich zunächst gegen die Feinde des Leninismus – die Trotzkisten, Sinowjewisten und Bucharinisten –, nachdem diese von der Partei längst politisch besiegt worden waren. In der Folge griff sie aber auch auf zahlreiche aufrechte Kommunisten über, auf diejenigen Parteikader, die die schwere Last des Bürgerkrieges, der ersten und schwierigsten Jahre der Industrialisierung und Kollektivisierung getragen, auf Männer, die aktiv gegen die Trotzkisten und die Rechten für die leninistische Parteilinie gekämpft hatten.

Von Stalin stammt der Begriff des „Volksfeindes". Dieser Terminus machte es von vornherein überflüssig, einer Person oder Personengruppe, die sich mit ihm in Widerspruch befand, ideologische Irrtümer nachzuweisen. Dieser Terminus ermöglichte die Anwendung grausamster Unterdrückung, die Verletzung aller Normen der revolutionären Gesetzlichkeit zum Nachteil derer, die in irgendeinem Punkt nicht mit Stalin übereinstimmten, bei denen auch nur der geringste Verdacht feindlicher Absichten bestand und die nicht gut angeschrieben waren. Dieser Begriff des „Volksfeindes" machte jede Form des ideologischen Kampfes bzw. jede freie Meinungsäußerung zu dieser oder jener Frage, auch wenn sie rein praktischer Natur war, unmöglich. In der Regel genügte als einziger Schuldbeweis, im Widerspruch zu allen Normen der Rechtswissenschaft, das „Geständnis" des Angeklagten selbst; wie sich später herausstellte, wurden die „Geständnisse" durch physischen Druck von den Angeklagten erpreßt. Dies führte zu flagranten Verletzungen der revolutionären Gesetzlichkeiten und dazu, daß viele vollkommen unschuldige Personen, die in früheren Jahren für die Parteilinie eingetreten waren, diesen Methoden zum Opfer fielen. Wir müssen feststellen, daß auch bei Personen, die seinerzeit in Widerspruch zur Parteilinie geraten waren, oft keine stichhaltigen Gründe für ihre physische Vernichtung vorlagen. Die Formel vom „Volksfeind" wurde eigens als Handhabe für die physische Vernichtung solcher Personen eingeführt.

Pirker, Theo (Hrsg.): Die Moskauer Schauprozesse 1936–1938, München 1963 (dtv 146), S. 253 und 255 **[15]**

Vgl. Texte 42, 49.

3.2. Gesellschaft

Zum Entwurf einer neuen sowjetischen Verfassung (1977) — Text 44a

Der Entwurf enthält einen umfangreichen Katalog von Bürgerrechten und -pflichten, die teilweise schon in der alten Verfassung enthalten waren. Kritiker des Sowjetsystems haben jedoch schon in der Vergangenheit die Diskrepanz zwischen Verfassungstext und Wirklichkeit bemängelt. Die neue Verfassung garantiert unter anderem das Recht auf Arbeit, Wohnung und Bildung, die Rede-,

Presse-, Versammlungs-, Demonstrations- und Gewissensfreiheit sowie die Unverletzlichkeit der Person und der Wohnung.
(dpa/AP) Frankfurter Allgemeine Zeitung, 6.6.1977

Text 44b

Im Artikel 50 über die Rede-, Presse- und Versammlungsfreiheit heißt es zum Beispiel, daß diese nur „in Übereinstimmung mit den Interessen der Werktätigen und zur Stärkung des sozialistischen Systems" ausgeübt werden dürfen. Artikel 47 schreibt vor, daß technische und kulturelle Freiheiten nur „im Einklang mit den Zielen des kommunistischen Aufbaues" stehen dürfen. Die freie Wahl des Berufs- und Arbeitsplatzes kann nach Artikel 40 nur „mit gebührender Rücksicht auf die Bedürfnisse der Gesellschaft" vorgenommen werden. Nicht genug damit, sind in die neue Verfassung einige Generalklauseln eingebaut worden, die eine Garantie von Bürgerrechten zu einer Farce machen. So heißt es in Artikel 39 Absatz 2, Bürgerrechte und Bürgerfreiheiten dürften „die Interessen der Gesellschaft und des Staates" nicht verletzen. Artikel 59 bestimmt, daß die Bürgerrechte untrennbar mit den Pflichten des Bürgers verbunden seien, wozu ausdrücklich die Einhaltung der „Regeln eines sozialistischen Verhaltens" gehört. Artikel 62 schränkt die individuellen Rechte des Sowjetmenschen noch weiter ein. Jeder Bürger ist verpflichtet, die Interessen des Sowjetstaates zu wahren und dazu beizutragen, „die Macht und das Ansehen der Sowjetunion" zu stärken. Artikel 65 macht es dem Sowjetbürger zur Pflicht, „unversöhnlich gegen gesellschaftsfeindliche Handlungen" zu sein. In diesem Gebot ist praktisch die Aufforderung zur Bespitzelung der Mitbürger enthalten. [...] Im Artikel 6 der neuen Verfassung wird die Partei ganz in den Vordergrund gerückt. Dort heißt es: „Die führende und leitende Kraft der sowjetischen Gesellschaft, der Kern ihres politischen Systems sowie aller staatlichen und öffentlichen Organe ist die Kommunistische Partei der Sowjetunion. Die KPdSU ist für das Volk da und dient dem Volke. Ausgerüstet mit der marxistisch-leninistischen Lehre, bestimmt die Kommunistische Partei die allgemeinen Richtlinien in der Entwicklung der Gesellschaft, die Grundzüge der Innen- und Außenpolitik der Sowjetunion, leitet sie die großen schöpferischen Bemühungen des Sowjetvolkes und stellt sie den Kampf um den Sieg des Kommunismus auf eine planmäßige, wissenschaftlich fundierte Grundlage."
Hamm, Harry in: Frankfurter Allgemeine Zeitung, 13.6.1977 **[16]**
Vgl. Texte 37, 46, 49, 57.

Die sowjetische Intelligenz **Text 45**

Nachdem der Staat zum einzigen Besitzer der Produktionsmittel geworden war, ergab sich auf dem wirtschaftlichen Sektor genauso ein zunehmender Bedarf an leitenden Funktionären, wie auf dem der Partei und des Staates als solchem. Die zentrale Lenkung von Kunst und Wissenschaft, Presse und Rundfunk, aber auch des Gesundheits- und Erziehungswesens, ließ auch hier eine Schicht von Fachleuten und staatlichen Sachwaltern aufsteigen, ohne die der Gesamtapparat des öffentlichen Lebens nicht laufen konnte. Es war eine sehr komplexe Schicht, die sich in eine geistige und in eine technische Intelligenz gliederte und zu der auch die mittleren Funktionäre von Staat und Partei gehörten. Für diese kam im Volke alsbald die Bezeichnung Apparatčiki auf; das waren die bolschewistischen Manager des sowjetischen Staatssozialismus. Die Gesamtzahl der Intelligenz betrug nach amtlichen Statistiken 1926 etwa 2 Millionen, 1937 war sie auf $9^1/_2$ Millionen, 1940 auf $11^1/_2$ Millionen angewachsen. 1949 wurde ihre Zahl auf 15 bis 16 Millionen geschätzt.

Der Verdienst der Angehörigen der sowjetischen Intelligenz lag bald weit über dem des durchschnittlichen Sowjetbürgers. Man hat den Anteil des verfügbaren Volksvermögens, der auf die Funktionäre des Regimes entfiel, auf 35% bemessen, obwohl diese Schicht nur 14% der berufstätigen Bevölkerung ausmacht. Die entsprechenden Zahlen für die Arbeiter liegen bei 33% (22% der Bevölkerung), für die Bauern bei 29% (53% der Bevölkerung); auf die Zwangsarbeiter entfielen nur 2 bis 3% (11% der Bevölkerung). Somit kam der größte Teil des Volksvermögens der kleinsten Klasse der Bevölkerung zugute.

Rauch, Georg von: Geschichte der Sowjetunion, Stuttgart (Kröner) [5]1969 (= Kröners Taschenausgabe Band 394), S. 297

Vgl. Texte 37, 49, 50. [35]

Der Leninsche Kommunistische Jugendverband der Sowjetunion (Komsomol) — Text 46

Die Hauptaufgabe des Komsomol besteht darin:

allseitig entwickelte, hochgebildete junge Menschen heranzubilden, die standhafte und opfermutige Kämpfer um den Sieg des Kommunismus sind und die Fähigkeit haben, die gesellschaftlichen und staatlichen Angelegenheiten zu verwalten. Der Komsomol muß die Komsomolzen, alle Jungen und Mädchen, lehren, sich die marxistisch-leninistische Theorie schöpferisch anzueignen, muß ihnen eine wissenschaftliche, materialistische Weltanschauung vermitteln, muß ihnen ideologische Überzeugung und ein klassenmäßiges Herangehen an die Erscheinungen des gesellschaftlichen Lebens anerziehen;

der Komsomol hat die Jugend an Hand der Erfahrungen der Kommunistischen Partei zu erziehen, an Hand der revolutionären Kampfes- und Arbeitstraditionen des Volkes, hat ihr unermüdlich den sowjetischen Patriotismus, die unerschütterliche brüderliche Freundschaft der Völker der UdSSR, den proletarischen Internationalismus, die Liebe zur sozialistischen Heimat und die ständige Bereitschaft anzuerziehen, die Errungenschaften der Oktoberrevolution mit der Waffe in der Hand zu verteidigen;

der Komsomol muß den Jungen und Mädchen eine kommunistische Arbeitsmoral, eine kommunistische Einstellung zum sozialistischen Eigentum, das Bewußtsein hoher Verantwortung für die Angelegenheiten des Kollektivs und der Gesellschaft anerziehen und sich darum bemühen, daß die jungen Menschen sich über die unlösbare Verbindung ihrer persönlichen Ideale mit den großen Zielen des Volkes im klaren sind;

der Komsomol muß die heranwachsende Generation im Geiste der kommunistischen Moral und Sittlichkeit, im Geiste des Kollektivismus und der Kameradschaftlichkeit, im Geiste der Unduldsamkeit gegenüber Egoismus, Spießertum und gegenüber der Mentalität des Kleineigentümers, im Geiste der Unduldsamkeit gegenüber Verstößen gegen die Normen des sozialistischen Gemeinschaftslebens und gegen die sowjetischen Gesetze erziehen;

der Komsomol muß die revolutionäre Wachsamkeit der Komsomolzen und der Jugend steigern, muß sie beharrlich zur Unversöhnlichkeit gegen die bürgerliche Ideologie und Moral erziehen, gegen die Versuche der imperialistischen Propaganda, die junge Generation durch heuchlerische Parolen des „Klassenfriedens“ auf Irrwege zu bringen.

[...] Doch in seiner Erziehungsarbeit darf sich der Komsomol, wie Lenin sagte, nicht in seinen Schulen abkapseln, sich nicht darauf beschränken, kommunistische Bücher und Broschüren zu lesen. Er beteiligt sich aktiv am staatlichen, wirtschaftlichen, sozialen und kulturellen Aufbau im Lande. Dabei läßt er sich von der Leninschen Weisung leiten, daß „man nur im gemeinsamen Schaffen mit den Arbeitern und Bauern ein echter Kommunist werden kann“.

Kutafin, Oleg / Schafir, Mark: Gesellschaftliche Organisationen in der UdSSR (APN-Verlag) Moskau o. J. (um 1970), S. 50–52 **[18]**

Vgl. Texte 9, 21, 37, 44.

Lenin: Sozialismus und Religion (1905) — Text 47

Die Religion ist eine Art des geistigen Druckes, der überall und allenthalben auf den Volksmassen lastet, die durch ewige Arbeit für andere, durch Not und Vereinsamung niedergedrückt werden. Die Ohnmacht der ausgebeuteten Klassen im Kampfe gegen ihre Ausbeuter erzeugt ebenso unvermeidlich den Glauben an ein besseres Leben nach dem Tode, wie die Ohnmacht des Wilden in seinem Kampfe mit der Natur den Glauben an Götter, Teufel, Wunder und dergleichen hervorruft. Denjenigen, der sein Leben lang arbeitet und Not leidet, lehrt die Religion Demut und Geduld hienieden, und sie vertröstet ihn mit Hoffnungen auf himmlischen Lohn. Diejenigen aber, die von fremder Arbeit leben, lehrt die Religion Wohltätigkeit hienieden, womit sie ihnen eine recht billige Rechtfertigung ihres ganzen Ausbeuterdaseins gibt und zu annehmbaren Preisen Eintrittskarten zur himmlischen Seligkeit verkauft. Die Religion ist Opium fürs Volk. Die Religion ist eine Art geistiger Fusel, in dem die Sklaven des Kapitals ihre Menschenwürde und ihren Anspruch auf eine halbwegs menschenwürdige Existenz ersäufen.

Weber, Hermann (Hrsg.): Lenin. Aus den Schriften 1895–1923, München 1967 (dtv 457), S. 259

Politische Witze über die Sowjetunion — Text 48

Frage an Radio Eriwan:	*Radio Eriwan antwortet:*
Stimmt es, daß sich in der Sowjetunion Stereoanlagen erübrigen?	Im Prinzip ja. Man hört sowieso von allen Seiten das gleiche.
Gibt es in der Sowjetunion eine Postüberwachung?	Im Prinzip nein. Briefe mit antisowjetischem Inhalt werden allerdings nicht befördert.
Ist es richtig, daß Sozialismus das Goldene Zeitalter bedeutet?	Im Prinzip ja. Aber es ist eben nicht alles Gold, was glänzt.
Ist in einem hochindustrialisierten Land der Aufbau des Sozialismus möglich?	Im Prinzip ja. Aber es wäre schade um die Industrie.
Worin besteht der Unterschied zwischen einem amerikanischen und	Das amerikanische Märchen beginnt mit „Es war einmal...“, das sowje-

einem sowjetischen Märchen? tische mit „Einmal wird es so weit sein ...“

Ist es wahr, daß man die Partei kritisieren darf?
Im Prinzip ja, doch lebt es sich in den eigenen vier Wänden angenehmer.

Was ist Kapitalismus?
Die Ausbeutung des Menschen durch den Menschen.

Zusatzfrage:
Was ist Kommunismus?
Das Gegenteil.

Radio Eriwan antwortet. Ratschläge, Vorschläge und Tiefschläge eines armenischen Senders, gesammelt und herausgegeben von Michael Schiff, München (Lichtenberg Verlag) 1969, S. 16, 20, 45, 46, 53, 60 und 76 **Vgl. Text 25.**

Professor Kolman an Breschnew **Text 49**

Offener Brief. An den Generalsekretär des Zentralkomitees der Kommunistischen Partei der Sowjetunion / L. I. Breschnew / Moskau – Kreml.

Ich teile Ihnen mit, daß ich aus der Kommunistischen Partei der Sowjetunion austrete. Ich bin 84 Jahre alt und seit 58 Jahren Mitglied der Kommunistischen Partei. Ich trat in die Partei ein, um für soziale Gerechtigkeit, für ein glückliches Leben der Menschen zu kämpfen. Jetzt, nach langen und quälenden Überlegungen, kam ich zu dieser für mich nicht leichten Entscheidung. [...] Ich kannte W. I. Lenin persönlich, arbeitete mit N. K. Krupskaja und mit N. S. Chruschtschow und anderen. [...]

Schon seit der Enthüllung der blutigen Verbrechen Stalins durch Chruschtschow, höflich „Personenkult“ genannt, begann ich allmählich zu begreifen, in welchem Ausmaß sich die KPdSU und die Sowjetmacht gewandelt hatten und daß ich, als Parteimitglied, einen Teil der Verantwortung dafür trage. Der Wendepunkt war für mich jedoch das Jahr 1968, als ich die Möglichkeit hatte, mit eigenen Augen den „Prager Frühling“ zu beobachten, und sah, mit welcher Begeisterung und Einigkeit das tschechoslowakische Volk die Bemühung der Kommunistischen Partei der Tschechoslowakei unterstützte, die sozialistischen Ideale zu erneuern und einen Sozialismus mit menschlichem Antlitz zu bauen. Als aber Ihre Panzer und Armeen die Tschechoslowakei okkupierten, sie Ihrem politischen Diktat und der erbarmungslosen ökonomischen Ausplünderung unterwarfen und sie, faktisch, in Ihre Kolonie verwandelten, da verlor ich endgültig jegliche Illusion über den Charakter Ihres Regimes. Ich verstand, daß die KPdSU lange aufgehört hatte, eine politische Partei zu sein, und sich in eine Gesellschaft zur Förderung der „vorfristigen Erfüllung der Fünfjahrespläne“ verwandelt hatte. Ihre Mitglieder, Kongresse und sogar das Zentralkomitee haben soviel wie gar keinen Einfluß auf die Politik der Partei, die Sie persönlich mit einer winzigen herrschenden Oberschicht bestimmen.

Und von was für einem Sozialismus kann in der Sowjetunion überhaupt die Rede sein, wenn anstelle der früheren Ausbeuterklassen der Kapitalisten und Großgrundbesitzer privilegierte Kasten der Partei- und Sowjetbürokraten entstanden sind, die im Wohlstand schwelgen, vom Volk isoliert sind, über dem Volk stehen und es verachten und nicht fähig sind und nicht wünschen, seine Bedürfnisse und Leiden zu verstehen? Von welchem Sozialismus kann die Rede sein, wenn Sie die stalinistische totalitäre Diktatur innerhalb und seine Großmachtpolitik außerhalb des Landes fortsetzen? In der Sowjetunion gibt es keine elementaren demokratischen Rechte: statt Wahlen – die Stimmenabgabe für von oben aufgezwungene Kandidaten; das Nichtvorhandensein von Öffentlichkeit im politischen Leben; das Verbot von Streiks und die Unterwerfung der Gewerkschaften unter die Interessen des Staates; politische Diskussionen sind verboten, über allem herrscht eine universale Zensur. Die wahrheitsgetreue Information wird durch propagandistische Lüge oder Halbwahrheit ersetzt. In der Sowjetunion werden die Grundrechte des Menschen grob verletzt: Andersdenkende werden grausam verfolgt, Abertausende von ihnen schmachten in Gefängnissen, Lagern, psychiatrischen Gefängnissen, darunter auch wegen religiöser Überzeugungen. Im sechzigsten Jahr der Sowjetmacht gibt es im Lande keine elementare intellektuelle Freiheit und keine schöpferische Freiheit.

[...]

Auf dem Gebiet der nationalen Politik ist die gesamte Geschichte der Sowjetunion eine ununterbrochene Kette territorialer Annexionen, gewaltsamer Einverleibungen fremder Gebiete, der Unterdrückung und Diskriminierung vieler Nationalitäten – der Krim-Tataren, Wolgadeutschen, Juden, der Völker des Baltikums, des Kaukasus, Mittelasiens und anderer. All das macht die Sowjetunion genauso zu einem Völkergefängnis, wie es einst das zaristische Rußland war. [...]

Die Arbeitsproduktivität in der Industrie ist äußerst niedrig, die Industrieproduktion schlechter Qualität bleibt auch bedeutend zurück, gemessen an den technischen Maßstäben analoger Produktion im Westen. Ist es denn keine Tragödie, daß im sechzigsten Jahr nach der Revolution die Landwirtschaft der einstigen Kornkammer Europas nicht in der Lage ist, die Bevölkerung mit Brot, Fleisch, Fisch und sogar Kartoffeln zu versorgen? Die Sowjetmacht ist nicht fähig, die normale Versorgung sogar der großen Städte – von den Dörfern und kleinen Städten schon gar nicht zu reden – mit Lebensmitteln, Obst, Kleidung, Möbeln, Industriewaren und sogar Medikamenten zu organisieren.

Kann man denn alle diese Fakten mit Schweigen übergehen, ohne aus ihnen Schlußfolgerungen zu ziehen? Ich will nicht diejenigen Erfolge bestreiten, die in der Sowjetunion auf dem Gebiete der Abschaffung des Analphabetentums, der Bildung, Wissenschaft, Technik, Verbesserung der Wohnbedingungen eines bedeutenden Teiles der Bevölkerung erreicht wurden. Aber der Mensch lebt nicht vom Brot allein ... Er muß die Möglichkeit haben, das, was er denkt, in aller Öffentlichkeit zu sagen, das zu schreiben, was er denkt, das zu lesen, was er wünscht, zu schreiben, wohin und was er möchte, den Wohnsitz nach eigenem Wunsch zu wählen und zu reisen, wohin er möchte – aber wir fürchten uns heute wie unter Stalin von neuem, verbergen unsere Schriften, hören auf, einander zu vertrauen, aus Angst vor der Zensur schreiben wir nichtssagende Briefe, brechen die Beziehungen zu Freunden ab ... Ist es denn nicht unmenschlich, den Eltern die Kinder wegzunehmen, die Wiedervereinigung von Familien zu verhindern, die Ausreisen zu Verwandten ins Ausland abzulehnen, für Monate und auch Jahre den Verwandten politischer Häftlinge Wiedersehen und sogar Schriftwechsel mit ihnen zu verweigern? Was ist das? Und kann man unter solchen Bedingungen leben? Und wie lange kann man so leben? Ich kann es nicht mehr.

Meine Entscheidung, aus der Kommunistischen Partei auszutreten, bedeutet keinesfalls, daß ich mich von den Idealen des Sozialismus trenne, mit denen ich mich schon im Jahre 1910 vertraut machte und die seit dieser Zeit den Hauptinhalt meines langen und stürmischen Lebens darstellten. Gerade umgekehrt. Ich bin zu der festen Überzeugung gelangt, daß mein weiteres Verbleiben in den Reihen der Kommunistischen Partei der Sowjetunion den Verrat an den Idealen der sozialen Gerechtigkeit, des Humanismus und des Aufbaus einer neuen besseren menschlichen Gesellschaft bedeuten würde, an den Idealen, nach denen ich mein ganzes Leben lang strebte, ungeachtet aller meiner Fehler und Irrtümer.

22. 9. 1976. Unterschrift: Kolman

(Arnoscht-Ernest Kolman, ordentliches Mitglied der tschechoslowakischen Akademie der Wissenschaften, Professor der Moskauer und Prager Universität, Doktor der Philosophischen Wissenschaften)

Frankfurter Allgemeine Zeitung, 6. 10. 1976 **[16, 36]**

Vgl. Texte 37, 39, 42–45, 50, 56, 64.

3.3. Wirtschaft

Die sozialistische Wirtschaft **Text 50**

Mit der Errichtung der sozialistischen Gesellschaft, der Verwandlung des Privateigentums in gesellschaftliches Eigentum, wird nach sowjetischer Auffassung die Ausbeutung des Menschen durch den Menschen beseitigt und durch Beziehungen kameradschaftlicher Zusammenarbeit ersetzt. Die Wirtschaft kann sich planmäßig und kontinuierlich auf der Basis der modernen Technik entwickeln; auch verändert sich völlig ihre Zielsetzung. An Stelle des Profitstrebens tritt nunmehr das ausschließliche Ziel, ‚den gesellschaftlichen Produktionsprozeß im Interesse des Wohlstands und der allseitigen Entwicklung aller Mitglieder der Gesellschaft planmäßig' zu organisieren. Ausgehend von dieser Leninschen Formulierung definiert die heutige Sowjetideologie das ‚ökonomische Grundgesetz des Sozialismus'. Laut diesem Grundgesetz zeichnet sich eine sozialistische Wirtschaft aus durch ‚ununterbrochene Erweiterung und Vervollkommnung der Produktion auf der Basis der fortgeschrittenen Technik mit dem Ziel der möglichst vollständigen Befriedigung der ständig wachsenden Bedürfnisse und der allseitigen Entwicklung aller Mitglieder der Gesellschaft'. Die Verwirklichung des Sozialismus macht eine Planwirtschaft sowohl möglich als auch notwendig. Die Sowjetideologie stützt sich dabei auf den Hinweis Lenins, den ‚ganzen staatlichen Wirtschaftsmechanismus in eine einzige große Maschine, in einen Wirtschaftsorganismus' zu verwandeln, ‚der so arbeitet, daß sich Hunderte Millionen Menschen von einem einzigen Plan leiten lassen'.

Leonhard, Wolfgang: Die politischen Lehren (= Sowjetideologie heute, Bd. 2), Frankfurt 1962, S. 205 (Fischer 461)

Vgl. Texte 29, 37, 42, 45, 49, 51.

Die sowjetischen Mehrjahrespläne 1928–1965 **Text 51**

I. 1928–1932: Fortschritte im Ausbau der Rüstungs- und Produktionsmittelindustrie, schwere Produktionsrückschläge in der Landwirtschaft durch die 1929 einsetzende Kollektivierungskampagne mit allen ihren jahrelang negativen Folgeerscheinungen.

II. 1933–1937: Allmähliche Besserung in der Landwirtschaft durch Konsolidierung der Kollektivwirtschaft; Verbesserung der Ernährungslage. Verhältnismäßig rasche Fortschritte in der Energieversorgung und in der Maschinenindustrie.

III. 1938–1942: Unzureichende Ergebnisse in der planmäßig angestrebten Produktionssteigerung der Verbrauchsgüterindustrie, Erfolge im verstärkten Ausbau der Schwerindustrie in den östlichen Gebieten; tiefgreifende Änderungen der Produktionsziele durch den Kriegsausbruch, große Leistungen in der Verlagerung wichtiger Produktionsstätten.

IV. 1946–1950: Außergewöhnliche Anstrengungen im Zusammehang mit dem Wiederaufbau der durch den Krieg grausam verheerten Landstriche, besonders auch auf dem Gebiet des Verkehrswesens; Ausbau geschlossener Produktions- und Wirtschaftsgebiete, z. T. durch den Einsatz der Kriegsgefangenen.

V. 1951–1955: Abschluß des Wiederaufbaus, rasche Produktionssteigerung in zahlreichen Industriebereichen, vorübergehend stärkere Berücksichtigung der Konsumgüterversorgung; engere Zusammenarbeit mit den anderen kommunistischen Ländern.

VI. 1956–1960: Wichtige Veränderungen auf dem Gebiet der Landwirtschaft, Einsatz großer materieller Mittel und umfangreicher menschlicher Arbeitskraft zur Erschließung von Neuland, besonders im südlichen Westsibirien und in Kasachstan; Zusammenlegung zahlreicher Kollektivwirtschaften und Vermehrung sowie Vergrößerung der Staatsgüter (Sowchosen); Beginn wirtschaftlicher Dezentralisierung im Rahmen der Verfügungen der zentralen Planungsinstanz („Gosplan"). „Entstalinisierung" und Lockerung von Zwangsmaßnahmen. Vorzeitiger Abschluß des Planes Ende 1958.

Siebenjahresplan 1959–1965: Großzügiger Ausbau der Chemischen Industrie, Strukturänderungen in der Energieversorgung, stärkere Berücksichtigung der Konsumgüterindustrie, vermehrte Elektrifizierung der Eisenbahnen, Ausbau des Straßennetzes, der Binnen- und Überseehandelsflotte, Verlegung wichtiger Öl- und Erdgasleitungen. Übergang zu verstärkter Mechanisierung und Automatisierung. Teilerfolge in der Intensivierung der landwirtschaftlichen Produktion. Vermehrte Einschaltung in den Welthandel und in die Entwicklungshilfe.

Wirtschaftsdaten der Sowjetunion, in: Der Fischer Weltalmanach 1968, Frankfurt 1967, S. 276/277
Vgl. Text 50. **[33]**

Zum Zusammenhang von Terror und Industrialisierung **Text 52**

Bevor es gelang, die materiellen Hilfsgüter zu mobilisieren, wurden die arbeitenden Menschen der Kontrolle einer Diktatur unterworfen, die eine Industrialisierung um jeden Preis mit dem Aufbau des Sozialismus verwechselte. Begleitet war dieser Prozeß von einer Ritualisierung des Marxismus-Leninismus, die unentwegt die Identität zwischen Arbeiterklasse und Partei, zwischen Planzielen und Lebensbedürfnissen der Werktätigen suggerierte und jede Kritik mit der „sozialistischen Perspektive" erschlug. Die These von der angeblichen Überwindung antagonistischer Widersprüche seit dem Triumph des Sozialismus auf dem Lande trug zur Atomisierung der Gesellschaft bei, da jede Solidarisierung außerhalb der oder gar gegen die Planziele als konterrevolutionär kriminalisiert wurde.

Beyrau, Dietrich: Solschenizyns „Archipel GULAG" und das sowjetische Lagersystem, in: Geschichte in Wissenschaft und Unterricht 9/76, Stuttgart (Ernst Klett), S. 538–565 (hier: S. 552)
Vgl. Texte 49, 51, 42.

Ausgewählte Daten zur Landwirtschaft der SU 1928–1968 — Text 53

Ausgewählte Jahre	1928	1940	1945	1950	1960	1968
Aussaatfläche in Mio. ha	113	151	114	146	203	207
Getreidefläche in Mio. ha	92	111	85	103	116	121
in % der Aussaatfläche	82	73	75	70	57	58
Futterkulturen in Mio. ha	4	18	10	21	63	61
in % der Aussaatfläche	3	12	9	14	31	29
Getreideproduktion in Mio. t	73	96	47	81	125	169
davon % in Neulandgebiete	?	24	23	31	47	?
Getreideertrag in dz/ha	7,9	8,6	5,6	7,9	10,9	14,0
Kunstdünger pro ha Ackerland kg	0,04	3,1	1,0	7,3	12,2	37,7
Staatl. Getreideablieferung in Mio. t	11	36	20	32	47	69
davon % in Neulandgebiet	?	33	?	35	62	?
Rinderbestand in Mio. Stück	58	55	48	57	76	96
Schweinebestand in Mio. Stück	19	28	11	24	59	49
Fleischerzeugung in Mio. t	4,9	4,7	2,6	4,9	8,7	11,6
Milcherzeugung in Mio. t	31	34	26	35	62	82
Traktoren, 1000 Stück	27	531	397	595	1122	1821
Lastkraftwagen, 1000 Stück	0,7	288	62	283	778	1097
Beschäftigte, Soz. Landw. Mio.	1,1	31,3	?	30,7	29,0	26,6
davon in Kolchosen, Mio.	0,8	29,0	?	27,6	22,3	18,1
in Sowchosen, Mio.	0,3	1,8	?	2,4	6,3	8,5

Bemerkung: Die Viehbestände gelten jeweils für das folgende Jahr; Kunstdünger auf reinen pflanzenwirksamen Nährstoff umgerechnet. Bei den Beschäftigten sind die nur auf dem privaten Hofland Tätigen nicht mitgezählt. **[33]**

Die Verluste der Viehwirtschaft durch die Kollektivierung 1928–1933 verglichen mit 1916 und 1941 — Text 54

Bestand in Mio. Stück	1916	1928	1933	1941
Kühe	28,8	30,7	19,6	28,0
Pferde	38,2	33,5	19,6	21,1
Schafe, Ziegen	96,3	146,7	50,2	91,7
Schweine	33,0	26,0	12,1	27,6

Texte 53 und 54 aus: Karger, Adolf: Die Sowjetunion als Wirtschaftsmacht, Frankfurt (Moritz Diesterweg) [3]1970, Text 53: S. 58, Text 54: S. 17. **[33]**

Erzeugung ausgewählter Rohstoffe und Industrieprodukte 1913–1968 Text 55

		1913	1917	1928	1940	1945	1950
Elektrische Energie	Mrd. kWh	1,9	2,6	5,0	48,3	43,3	91,2
Erdöl	Mill. t	9,2	8,8	11,6	30,1	19,4	37,9
Erdgas	Mrd. m³	0,0	?	0,3	3,4	3,4	6,2
Kohle	Mill. t	29,1	31,3	35,5	165,9	149,3	261,1
Roheisen	Mill. t	4,2	3,0	3,3	14,9	8,8	19,2
Stahl	Mill. t	4,2	3,1	4,3	18,3	12,3	27,3
Metallschneidemaschinen	1000 Stück	1,5	0,2	2,0	58,4	38,4	70,6
Turbinen	Mill. kW	0,0	?	0,0	1,2	0,2	2,7
Traktoren	1000 Stück	—	—	1,3	31,6	7,7	116,7
Kraftfahrzeuge	1000 Stück	0,0	—	0,8	145,4	74,7	326,9
Kunstdünger	Mill. t	0,1	?	0,1	3,2	1,1	5,5
Chemiefasern	1000 t	—	—	0,2	11,1	1,1	24,2
Kunstharz, Plastik	1000 t	—	—	—	11	21	67
Stoffe aller Art	Mrd. m²	2,1	1,2	2,2	3,3	1,4	3,4
Lederschuhe	Mill. Paar	60	50	58	211	63	203
Radios	Mill. Stück	—	—	?	0,2	0,0	1,1
Kühlschränke	Mill. Stück	—	—	—	0,0	0,0	0,0

		1955	1960	1965	1966	1967	1970
Elektrische Energie	Mrd. kWh	170,2	292,3	506,7	544,6	587,6	740,4
Erdöl	Mill. t	70,8	147,9	242,9	265,1	288,1	352,6
Erdgas	Mrd. m³	10,4	47,2	129,4	144,1	159,2	199,6
Kohle	Mill. t	389,9	509,6	577,7	585,6	595,2	624,1
Roheisen	Mill. t	33,3	46,8	66,2	70,3	74,8	85,9
Stahl	Mill. t	45,3	65,3	91,0	96,9	102,2	115,9
Metallschneidemaschinen	1000 Stück	117,1	155,9	186,1	192,2	197,6	202,3
Turbinen	Mill. kW	5,6	9,2	14,6	15,2	14,7	16,2
Traktoren	1000 Stück	163,4	238,5	354,4	382,5	405,1	485,5
Kraftfahrzeuge	1000 Stück	445,3	523,6	616,3	675,2	728,8	915,1
Kunstdünger	Mill. t	9,7	13,9	31,3	35,9	40,1	55,6
Chemiefasern	1000 t	110,5	211,2	407,3	458,3	510,6	623,0
Kunstharz, Plastik	1000 t	160	312	803	971	1114	1672
Stoffe aller Art	Mrd. m²	5,3	6,6	7,5	7,9	8,2	8,5
Lederschuhe	Mill. Paar	271	419	486	522	561	676
Radios	Mill. Stück	3,5	4,1	5,2	5,8	6,4	7,8
Kühlschränke	Mill. Stück	0,1	0,5	1,7	2,2	2,7	4,1

Informationen zur politischen Bildung, Folge 139: Die Sowjetunion – Land und Wirtschaft, Bonn (Bundeszentrale für politische Bildung) 1972, S. 22.

Vgl. Texte 49, 51, 34. **[33]**

Sowjetische Karikatur über Produktionsmängel **Text 56**

Krokodil, Moskau

„Weißt du nicht, wo der Stempel ‚Erste Qualität' hingekommen ist? Hier ist endlich ein anständiges Paar."

Der Spiegel, 10/1976 **Vgl. Text 49.**

3.4. Bilanz

Ist die heutige Sowjetunion ein totalitärer Staat? **Text 57**

Zusammenfassend ist festzustellen: Mit Hilfe ihres absoluten Machtmonopols, mit Hilfe ihrer uneingeschränkten Verfügungsgewalt über sämtliche Produktionsmittel und mit Hilfe einer umfassenden Funktions- und Meinungskontrolle hat die sowjetische Parteiführung den nach 1953 eingetretenen sozialen Wandel trotz zweier Entstalinisierungswellen in den Grenzen eines von ihr gesteuerten Modernisierungsprozesses gehalten und autonome Regungen in Richtung auf eine auch nur teilweise und allmähliche Demokratisierung des gesellschaftlichen Lebens rigoros unterbunden.

Trotzdem erscheint es nicht gerechtfertigt, von einer bis heute ungebrochenen Kontinuität des *totalitären* Herrschaftssystems in Sowjetrußland zu sprechen. Das ist jedenfalls dann nicht möglich, wenn man [...] mit dem Ausdruck „totalitär" ein diktatorisches Regime kennzeichnen und verstanden wissen will, in dem der Prozeß der revolutionären Veränderung der Gesellschaft oder noch genauer: die von ihm ausgelöste und dirigierte Revolution von oben zur Dauerinstitution geworden ist. Diese revolutionäre Dynamik war bereits unter Chruschtschow weitgehend zum Stillstand gekommen; unter seinen Nachfolgern ist sie ganz erloschen.

Die primäre, alles andere beherrschende Sorge der gegenwärtigen oligarchischen Führungsspitze gilt der Sicherung und Konservierung der bestehenden Ordnung, was natürlich zugleich und in erster Linie Behauptung der eignen

Machtposition heißt. Dem korrespondiert auf seiten des gesamten höheren und mittleren Parteiapparates ein nicht minder statisches, Neuerungen und Experimenten abholdes Ruhe- und Sicherheitsbedürfnis. Das Resultat ist ein offenkundiger innerer Immobilismus. Er wird verkörpert von einem bürokratisch erstarrten Herrschaftssystem, das „in der orthodox-kommunistischen Verhüllung einen national-konservativen Charakter aufweist“ (B. Meissner). Daß dieses Herrschaftssystem die ihm abhanden gekommene totalitäre Dynamik wiedergewinnen kann und will, erscheint augenblicklich (1972) sehr unwahrscheinlich, ohne daß es statthaft wäre, daraus notwendigerweise einen (auch nur allmählichen) institutionellen Systemwandel abzuleiten. Mit Sicherheit wird man nur soviel abschließend nochmals festhalten können: Die heutige Sowjetunion ist, was ihren inneren Gesamtzustand anbelangt, ein posttotalitärer, d. h. nachrevolutionärer Ein-Partei-Staat Leninschen Typs im Spannungsfeld zwischen Modernisierung und Restauration.

Informationen zur politischen Bildung, Folge 113/115: Die Sowjetunion 1917–1972, Bonn (Bundeszentrale für politische Bildung) 1972, S. 38 **[37]**

Vgl. Texte 37, 41–44, 49, 65, 66.

Karikatur Breschnew – Stalin **Text 58**

Frankfurter Allgemeine Zeitung, 14. 10. 1974.

4. Totalitarismus als Begriff und Forschungsobjekt

Die 6 Grundmodelle politischer Ordnung **Text 59**

Wir haben jeweils zwei alternative Möglichkeiten für die Lösung dreier wichtiger Strukturprobleme jeder politischer Ordnung gefunden. Die Merkmale sollen noch einmal übersichtlich in Erinnerung gebracht werden.

Die *Herrschaftsstruktur* ist entweder a) monistisch oder b) pluralistisch.

ad a) Es gibt nur ein einziges Herrschaftszentrum, in dem alle Herrschaftskompetenzen zusammengefaßt sind und das allein solche Kompetenzen delegieren kann.

ad b) Es existieren mehrere Herrschaftszentren, die sich gegenseitig hemmen und kontrollieren.

Die *Willensbildung* ist entweder a) monopolisiert oder b) konkurrierend.

ad a) Ein einzelner, eine Gruppe oder eine Institution sind an den Entscheidungsvorbereitungen beteiligt, ohne mit Widerspruch anderer Faktoren rechnen oder ihn gar berücksichtigen zu müssen.

ad b) Hier können verschiedene Vorstellungen über den Entscheidungsinhalt vor der Entscheidung miteinander in Konkurrenz treten und um den Einfluß auf die Entscheidung wetteifern.

Die politische *Repräsentation* ist entweder a) total oder b) partiell.

ad a) Die politische Herrschaft repräsentiert die Gesellschaft unter allen Aspekten ihrer Existenz. Alle Bereiche sozialen Lebens sind in die politische Gemeinschaft integriert.

ad b) Es gibt Lebenssphären individueller und sozialer Art, die der politischen Herrschaft und ihrer Repräsentationsfunktion entzogen sind.

[...] Aus den prinzipiellen Kombinationsmöglichkeiten ergeben sich sechs Grundmodelle politischer Ordnung (vgl. Tabelle). Der Begriff Modell ist hierbei in einem weiten Sinne gebraucht. Es handelt sich nicht um Modelle, die Strukturen abbilden, sondern lediglich um Kombinationen von Strukturprinzipien. Diese Prinzipien sind in der konkreten Ordnung immer mehr oder weniger verwirklicht. Beim Vergleich realer Systeme mit unseren Grundformen wird also weniger nach genauer Deckung als vielmehr nach den dominant wirkenden Tendenzen und Verfassungsintentionen zu fragen sein. [...]

Die 6 Grundmodelle politischer Ordnung

	1	2	3	4	5	6
Herrschaft	monistisch	monistisch	monistisch	monistisch	pluralistisch	pluralistisch
Willensbildung	monopolisiert	monopolisiert	konkurrierend	konkurrierend	konkurrierend	konkurrierend
Repräsentation	total	partiell	total	partiell	total	partiell

Hättich, Manfred: Lehrbuch der Politikwissenschaft, 2. Bd.: Theorie der politischen Ordnung, Mainz (von Hase u. Koehler-Verlag) 1969, S. 41, 44, 45 **[38]**

Vgl. Texte 13, 14, 37, 39, 41, 42, 44, 49, 57, 66.

H. Arendt: Ideologie und Terror **Text 60**

Das Wesentliche der totalitären Herrschaft liegt also nicht darin, daß sie bestimmte Freiheiten beschneidet oder beseitigt, noch darin, daß sie die Liebe zur Freiheit aus dem menschlichen Herzen ausrottet; sondern einzig darin, daß sie Menschen, so wie sie sind, mit solcher Gewalt in das eiserne Band des Terrors schließt, daß der Raum des Handelns, und dies allein ist die Wirklichkeit der Freiheit, verschwindet. Das eiserne Band des Terrors konstituiert den totalitären politischen Körper und macht ihn zu einem unvergleichlichen Instrument, die Bewegung des Natur- oder des Geschichtsprozesses zu beschleunigen. Dem Terror gelingt es, Menschen so zu organisieren, als gäbe es sie gar nicht im Plural, sondern nur im Singular, als gäbe es nur einen gigantischen Menschen auf der Erde, dessen Bewegungen in den Marsch eines automatisch notwendigen Natur- oder Geschichtsprozesses mit absoluter Sicherheit und Berechenbarkeit einfallen. Die an sich notwendig ablaufenden Prozesse will der Terror auf eine Geschwindigkeit, gleichsam auf eine Tourenzahl bringen, die sie ohne die Mithilfe der zu einem Menschen organisierten Menschheit nie erreichen können. Praktisch heißt dies, daß Terror die Todesurteile, welche die Natur angeblich über „minderwertige Rassen“ und „lebensunfähige Individuen“ oder die Geschichte über „absterbende Klassen“ und „dekadente Völker“ gesprochen hat, auf der Stelle vollstreckt, ohne den langsameren und unsicheren Vernichtungsprozeß von Natur oder Geschichte selbst abzuwarten. [...] An die Stelle des Prinzips des Handelns tritt die Präparierung der Opfer, die Natur- oder Geschichtsprozeß fordern werden, eine Präparierung, die den einzelnen gleich gut für die Rolle des Vollstreckers wie für die des Opfers vorbereiten kann.

Diese Präparierung leistet in der totalitären Herrschaft die Ideologie [...].

Arendt, Hannah: Ideologie und Terror: Eine neue Staatsform (1953), in: Seidel/Jenkner (Wissenschaftliche Buchgesellschaft, Darmstadt) S. 147 und 150 **[15, 39]**

Vgl. Texte 16, 22, 36, 37, 41, 42, 52, 57.

Friedrich/Brzezinski: Die allgemeinen Merkmale der totalitären Diktatur **Text 61**

Wir behaupten aber in diesem Band, daß die totalitäre Diktatur historisch eine Neuerung und *sui generis* sei. Aus dem uns zur Verfügung stehenden Tatsachenmaterial ergibt sich für uns auch die Schlußfolgerung, daß faschistische und kommunistische totalitäre Diktaturen sich im Grunde ähnlich sind, oder einander jedenfalls mehr gleichen als irgend einem anderen Regierungssystem, einschließlich älterer Formen der Autokratie. [...] Die grundlegenden Merkmale oder Eigenschaften, von denen wir meinen, daß sie nach allgemeiner Anschauung totalitären Diktaturen zugehören, sind sechs an der Zahl. Das „Syndrom“ oder Schema in wechselseitiger Beziehung stehender Merkmale der totalitären Diktatur besteht aus einer Ideologie, einer einzigen Partei, die charakteristischerweise von einem einzelnen geführt wird, einer terroristischen Polizei, einem Monopol der Kommunikationsmittel, einem Waffenmonopol und einer zentral gelenkten Wirtschaft. Davon finden sich die letzten beiden auch in konstitutionellen Systemen: das sozialistische England verfügte über eine zentral gelenkte Wirtschaft, und alle modernen Staaten besitzen ein Waffenmonopol. [...] Diese sechs Grundzüge, die nach unserer Meinung das kennzeichnende Schema oder Modell totalitärer Diktatur darstellen, bilden eine Gruppe von miteinander verflochtenen und sich gegenseitig stützenden Eigenschaften, wie das bei „organischen" Systemen üblich ist. Sie sollten daher nicht isoliert betrachtet oder zum Brennpunkt von Vergleichen gemacht werden, z. B. der Art, daß „Caesar eine terroristische Geheimpolizei aufbaute und damit der erste totalitäre Diktator war", oder daß „die katholische Kirche ideologische Gedankenkontrolle betrieben hat und demzufolge ..."

Die totalitären Diktaturen besitzen alle folgendes:

1. Eine ausgearbeitete Ideologie, bestehend aus einem offiziellen Lehrgebäude, das alle lebenswichtigen Aspekte der menschlichen Existenz umfaßt, und an die sich alle in dieser Gesellschaft Lebenden zum mindesten passiv zu halten haben; diese Ideologie ist charakteristisch auf einen idealen Endzustand der Menschheit ausgerichtet und projiziert – das heißt, sie enthält eine chiliastische Forderung, gegründet auf eine radikale Ablehnung der bestehenden Gesellschaft mit der Eroberung der Welt für die neue.

2. Eine einzige Massenpartei, im typischen Fall von einem einzelnen, dem „Diktator", geführt, und aus einem relativ niedrigen Prozentsatz der Gesamtbevölkerung (bis zu zehn Prozent) von Männern und Frauen bestehend, in der ein fester Stamm der Ideologie leidenschaftlich und ohne Vorbehalte anhängt und bereit ist, die Durchsetzung ihrer allgemeinen Übernahme in jeder Weise zu fördern. Eine solche Partei ist hierarchisch, oligarchisch organisiert und charakteristischerweise der Staatsbürokratie entweder übergeordnet oder völlig damit verflochten.

3. Ein Terrorsystem, auf physischer oder psychischer Grundlage, das durch Partei- und Geheimpolizei-Kontrolle verwirklicht wird, aber auch die Partei für ihre Führer überwacht und charakteristisch nicht nur gegen erwiesene „Feinde" des Regime gerichtet ist, sondern auch gegen mehr oder weniger willkürlich ausgewählte Klassen der Bevölkerung; der Terror macht sich, ob von der geheimen Polizei oder von dem durch die Partei auf die Gesellschaft ausgeübten Druck herrührend, die moderne Wissenschaft systematisch zunutze, ganz besonders die wissenschaftliche Psychologie.

4. Ein technologisch bedingtes, nahezu vollständiges Monopol der Kontrolle aller Mittel wirksamer Massenkommunikation, wie Presse, Funk und Film, in den Händen von Partei und Staat.

5. Ein gleichermaßen technologisch bedingtes, nahezu vollständiges Monopol der wirksamen Anwendung aller Kampfwaffen.

6. Eine zentrale Überwachung und Lenkung der gesamten Wirtschaft durch die bürokratische Koordinierung vorher unabhängiger Rechtskörperschaften, charakteristischerweise unter Einfluß der meisten anderen Gesellschaften und Konzerne.

Die Aufzählung dieser sechs Merkmale oder Merkmalgruppen soll nicht den Eindruck erwecken, daß es nicht auch andere, noch unzureichend erkannte, gäbe.

Friedrich, Carl Joachim und Brzezinski, Zbigniew: Die allgemeinen Merkmale der totalitären Diktatur, ²1965, in: Seidel/Jenker (Wissenschaftliche Buchgesellschaft, Darmstadt) S. 600/601 und 609–611
Vgl. Texte 12, 16, 13, 39, 42, 63, 70. **[15, 37, 39]**

Drath: Durchsetzung eines neuen Wertungssystems **Text 62**

Daß er gegenüber den in der Gesellschaft herrschenden Wertungen ein ganz anderes Wertungssystem durchsetzen will, unterscheidet den Totalitarismus vom Autoritarismus. Er beruft sich hierauf nicht nur nebenher, sondern er tut es, um sich gerade dadurch Anhänger zu verschaffen und zu legitimieren. Die Verwirklichung einer auf diesem neuen Wertungssystem beruhenden und deshalb von den herrschenden gesellschaftlichen Werthaltungen radikal abweichenden Ordnung ist das Ziel des Totalitarismus. Deshalb ist Totalitarismus regelmäßig mit einer neuen sozialen Ideologie verbunden; während der Autoritarismus auch in dieser Hinsicht eher konservativ ist, ist der Totalitarismus in dieser Hinsicht eher betont revolutionär. Das neue Wertungssystem gebiert zunächst nur neue Sollensgebote; es setzt ein System von Werten, die zur Verfolgung oder Verwirklichung aufgegeben werden, entgegen den Wertungen, die real in der Gesellschaft das Verhalten bestimmen. Deshalb ist das Ziel des Totalitarismus erst erreicht, wenn er sich nicht nur als politisches und gesellschaftliches System durchgesetzt hat, sondern wenn die Menschen sein neues Wertungssystem innerlich übernommen haben.

Drath, Martin: Totalitarismus in der Volksdemokratie (1958), in: Seidel/Jenkner (Wissenschaftliche Buchgesellschaft, Darmstadt) S. 337/338 **[15, 16, 38, 39]**
Vgl. Texte 20, 37, 42, 66, 69.

Totalitarismus – Pluralismus **Text 63**

Das korrelative Schlagwortpaar von Totalitarismus und Pluralismus ist einer der wesentlichsten Mythen des heutigen Antikommunismus. Nach diesem Mythos soll der Widerstreit zwischen bürgerlicher Demokratie und Sozialismus (Pluralismus gegen Totalitarismus) unsere Zeit kennzeichnen. Die bürgerliche Ordnung soll das gesellschaftliche Nonplusultra sein. Jede Kritik an ihr, erfolge sie von rechts oder links – ungeachtet ihrer qualitativ verschiedenen Inhalte, denn die Kritik von rechts verkörpert den historischen Rückschritt, die von links den gesellschaftlichen Fortschritt – wird als totalitär abgestempelt. Es handelt sich um eine Verteidigung des Kapitalismus, die das Entsetzen der Volksmassen über eine Form *kapitalistischer* Herrschaft – den Faschismus – zur Diffamierung der sozialistischen Kapitalismuskritik benutzt. Die Stoßkraft des Antifaschismus soll antisowjetisch, antisozialistisch mißbraucht werden. Faschismus und Sozialismus werden gleichgesetzt, bei Verurteilung einzelner Züge des Faschismus und Tarnung seines Systems, seiner Wurzeln und bei Verurteilung des Sozialismus als System. In Wahrheit wird damit die Fortdauer der ungeteilten und allseitigen Macht des gleichen Konzernkapitals getarnt, das auch – freilich in anderen Formen – während des Hitlerfaschismus die Macht ausübte. Es wird also die Kontinuität der wesentlichen Machtträger im Faschismus (Totalitarismus) und der bürgerlichen Demokratie (Pluralismus) getarnt, weil sonst die prinzipiell gleichen sozialen, kapitalistischen Wurzeln beider Formen der Kapitalmacht sichtbar würden.

Steigerwald, Robert: Antikommunismus – seine Grundmythen und Grundmechanismen, in: Marxistische Klassenanalyse oder spätbürgerliche Mythen, Berlin-Ost (Akademie-Verlag) 1972, S. 83–100 (hier: S. 96) (= Zur Kritik der bürgerlichen Ideologie 15)
Vgl. Text 64.

Revel: Die Selbstkritik des Westens und die totalitären Gesellschaften **Text 64**

Die kapitalistischen Industriegesellschaften – politisch während des größten Teils ihrer Geschichte mit dem Modell des liberalen Staates verbunden – sind wahrscheinlich die am schärfsten kritisierten Gesellschaften, die es jemals gegeben hat. Dafür läßt sich ein sehr einfacher Grund finden, der so offenkundig ist, daß er nur selten wahrgenommen wird: diese Gesellschaften sind die ersten und einzigen, die die Kritik als wesentliches Element ihres Funktionierens integriert haben. [...] In dem in Europa gegen Ende des 15. Jahrhunderts entstandenen und später nach Nordamerika exportierten Zivilisationstypus ist die Kritik weder ein Defekt noch ein Luxus, weder ein Zeichen der Anarchie noch des Verfalls: sie ist die Hauptantriebskraft. Schematisch ausgedrückt: Ein totalitäres System kann nicht mehr funktionieren, wenn die Kritik ein bestimmtes Maß überschreitet, ein liberales System kann nicht mehr funktionieren, wenn die Kritik unter ein bestimmtes Maß zurückfällt. [...] Die zum Wesen unseres Gesellschaftstypus gehörende Selbstkritik, die nicht aufgegeben oder reduziert werden kann, ohne daß diese Gesellschaft sich selbst zerstört, hat eine gewissermaßen zwangsläufige Folge: Es ist nämlich der einzige Gesellschaftstypus, dessen Mitglieder unablässig auf die vorhandenen Fehler hinweisen. Infolgedessen gewinnt schließlich die Vorstellung Raum, diese Ordnung sei auch die einzige, die wirklich schwerwiegende Mängel aufweise. [...] Die konkurrierenden Gesellschaften,. die kommunistischen, die zur dritten Welt oder zu den sogenannten „Blockfreien" zählenden Systeme, kritisieren sich selbst nur sehr wenig oder überhaupt nicht, und sofern es vorkommt, daß sie an sich selbst negative Züge feststellen, so werden diese dem Einfluß der entwickelten liberalen Industriegesellschaften zugeschrieben, das heißt der verhängnisvollen Wirkung, die der „Imperialismus", der Kapitalismus, der „Neokolonialismus" auf sie hatte.

Revel, Jean-François: Die Selbstkritik ..., Auszug in: Frankfurter Allgemeine Zeitung, 18. 9. 1976

Seidel: Problematik des Totalitarismusbegriffs **Text 65**

Wir halten den Begriff [Totalitarismus] in vielerlei Hinsicht für äußerst problematisch. Scheint es doch unmöglich, Regime mit betont elitären bzw. pseudo-elitären Grundvorstellungen (Faschismus, Nationalsozialismus) mit den in ihrer Grundtendenz dennoch egalitären bolschewistischen Herrschaftsformen verschiedener Prägung unbesehen auf eine Stufe zu stellen. Wohl kann man sich damit helfen, daß man zwischen verschiedenen Totalitarismen unterscheidet: zwischen theokratischen und säkularen und bei letzteren hier wiederum zwischen den verschiedenen Typen, einerseits den bolschewistischen und andererseits den faschistischen und nationalsozialistischen sowie den „christlich"-ständestaatlichen. Ganz neue Probleme treten aber für die Totalitarismustheorie bei den autoritären Regimen in Entwicklungsländern auf, wo man zwar zwischen milderen und ausgesprochen harten Führungsstilen unterscheiden kann, wo aber das Führungsproblem, als zentralistisch geleitete Erziehungsdiktatur, fundamentale Bedeutung für die Transformation der Gesellschaft besitzt und wo gleichzeitig das Führungsproblem auf den verschiedenen Ebenen (Staat, Kultur und Gesellschaft, Wirtschaft und Technik), die zu transformieren sind, keineswegs ohne weiteres parallel oder proportional zwischen diesen verschiedenen Ebenen lösbar ist. Effektivität auf der einen Ebene (z. B. der politischen) kann von einem Versagen hinsichtlich der Transformationsaufgaben auf anderen Ebenen (z. B. der ökonomisch-technischen) begleitet sein.

Sucht man eine Bestimmung des – wie wir sahen – so schillernden Totalitarismusbegriffes, so lassen sich als bestimmend folgende Charakteristika anführen:

1. seine *integratorische Funktion* in noch nicht beziehungsweise nicht mehr „integrierten" Gesellschaften;

2. die völlige *Unbedenklichkeit im Hinblick auf die Mittel* zur Verwirklichung der Ziele;

3. das *Vorhandensein einer perfektionierten Verwaltungs- und Erfassungstechnik,* die eigentlich erst den unbedenklichen Einsatz *dieser* Techniken im Sinne der Effektivität ermöglicht, ohne die „Totalitarismus" nicht denkbar ist;

4. die Neigung bürgerlicher Gesellschaften im Falle ökonomischer oder politischer Krisen, sich faschistischer Methoden gegenüber den als Bedrohung empfundenen Schichten des sozialen Aufstiegs zu bedienen, was sich gegebenenfalls nicht nur gegen die Arbeiterschaft, sondern auch gegen bestimmte, zumeist ethnische Minoritäten im Rahmen eines Staates – häufig sogar gleichzeitig – zu richten pflegt.

5. Damit besitzt für alle Totalitarismen, d. h. für die von ihnen erstrebte politische Haltung, vor allem aber für ihre politische Praxis, jene Einstellung und das dazu gehörende Verhalten, welches Carl Schmitt zutreffend als „Freund-Feind-Verhältnis" bestimmt hat, geradezu fundamentale Bedeutung.

Die hier zur Wirkung gelangenden sozialpsychologischen Mechanismen sind offensichtlich: Das Regime totalitärer Prägung lebt von seinen äußeren und inneren Feinden. Es braucht sie unbedingt und müßte sie erfinden, wenn sie sich nicht vorfänden. Es diszipliniert aufgrund der wirklichen oder vorgegebenen Bedrohung von außen das Staatsvolk total und begründet durch die Verfolgung des inneren Feindes den gegen alle gerichteten Terror. Gleichzeitig aber schafft es damit zumeist auch durch eine stets offen gehaltene aktive Beteiligung der Terrorisierten am Terror sozialpsychologisch und politisch sehr wirkungsvolle Möglichkeiten, so das Gefühl der eigenen totalen Unfreiheit zu kompensieren.

Der Begriff Totalitarismus ist ein Begriff, der zeitlich mit dem Auftreten des Bolschewismus, Faschismus und Nationalsozialismus eng zusammenhängt und durch den tiefen Einbruch der russischen Machtsphäre in das nach 1945 verbliebene Restdeutschland sowie durch den Versuch der Schaffung eines ost- und südosteuropäischen staatlichen Satellitensystems und dessen Abwehr vom Westen her besondere Aktualität erlangt hat. Er ist deshalb ideologisch so stark belastet und sollte in der Theorie der Politik nur mit allergrößter Vorsicht (besser vielleicht überhaupt nicht) Verwendung finden. Systeme, die im strengen Wortsinn den Namen Totalitarismus verdienen, gibt es überhaupt nicht, weil stets mehr oder weniger pluralistische Reste bestehen bleiben. Außerdem haben Regierungssysteme, zu deren Wesen die bewußte, dauernde und über längere Zeiträume sich erstreckende unbedenkliche Anwendung *aller* Mittel zur Erreichung ihrer Ziele gehört, zumeist doch nur einen ausgesprochenen Übergangscharakter, schon aus dem Grunde, weil die Natur des Menschen, Individuum und Verbandswesen zugleich zu sein, sich zwar zeitweilig, jedoch nicht auf die Dauer oder gar für immer völlig unterdrücken läßt. Das gilt vor allem unter den modernen Kommunikations- und Informationsverhältnissen. Das gilt aber auch im Hinblick auf die fortlaufende Industrialisierung, die zwar für die Epoche des Übergangs oft recht schmerzhafte Disziplinierungszwänge braucht, dann aber im fortgeschrittenen Zustand der Industrialisierung wiederum einen Stand des Selbstbewußtseins sowohl infolge des Erlebnisses der Bedeutung der Arbeit im interdependenten, hocharbeitsteiligen Produktionsprozeß als auch aufgrund besserer materieller Versorgung mit sich bringt, das sich politisch zumeist „liberalisierend" auswirkt. Mit dem Begriff „totalitär" steht es demgegenüber völlig anders. Jede Herrschaftsordnung kann sowohl im Einklang als auch unter Bruch mit ihren eigenen Traditionen und Prinzipien mit unbedenklichem Einsatz aller verfügbaren Lock- und Zwangsmittel gegen bestimmte Minderheiten oder Einzelne „totalitär" verfahren (Schumpeters Lynch-Demokratie). Um hier aber zur vollen Wirksamkeit zu gelangen, bedarf es freilich jener Perfektion der Verwaltungs- und Erfassungstechniken, wie sie dem Staat überhaupt erst in der Gegenwart zur Verfügung stehen.

Seidel, Bruno: Einleitung, in: Seidel/Jenkner (Wissenschaftliche Buchgesellschaft, Darmstadt) S. 24–27 **[39]**

Vgl. Texte 13, 14, 16, 60, 61, 63, 66, 67.

Wandel der totalitären zur autoritären Herrschaft am Beispiel der SED — Text 66

Die SED als eine in ihrem Ursprung totalitäre Partei tendiert unter den Bedingungen des politischen, sozialen und geistigen Wandels, wie er sich in den Jahren nach Stalins Tod im Ostblock und mit einer gewissen Verzögerung auch in der DDR abzeichnet, zur autoritären Partei. Die autoritäre Partei etabliert autoritäre Herrschaft, die hier, wie die totalitäre, als eine bestimmte Herrschaftsform industrieller Gesellschaften verstanden wird. Sie ist im wesentlichen durch folgende Merkmale von der totalitären unterscheidbar: Die autoritäre Herrschaft stützt sich zwar wie die totalitäre, im Sinne Martin Draths, auf eine Weltanschauung umfassenden Inhalts; diese Weltanschauung ist ihr jedoch „vorgegeben" und muß deshalb nicht erst jeweils neu geschaffen und permanent mit Hilfe von Terror durchgesetzt werden. Darüber hinaus ist autoritäre Herrschaft gegenüber totalitärer Herrschaft durch eine größere Flexibilität des Kontrollsystems und damit durch größere Anpassungsmöglichkeiten der verschiedenen Organisationssysteme an den wissenschaftlich-technischen Fortschritt gekennzeichnet. Ferner: Während totalitäre Herrschaft ein relativ starres System von Kontrollen benötigt, sind im Rahmen einer autoritären Herrschaftsordnung auch flexiblere Koordinierungs- und Kooptierungszwänge gegeben. Das differenzierter gewordene Kontrollsystem wird durch Koordinierungsvereinbarungen der verschiedensten Art ergänzt. Autoritäre Herrschaft basiert prinzipiell nicht auf dem Massenterror, sondern auf einer spezifischen Form der Gruppenidentifikation, die durch die Organisationsstrukturen in Partei, Staat und Wirtschaft erreicht wird. Sie gründet sich auf eine gemeinsame Haltung, ein „gemeinsames Bewußtsein", eine „offene" Haltung bestimmten Aufgaben gegenüber. Schließlich ist autoritäre Herrschaft in einem kommunistischen System unter den Bedingungen industrieller Gesellschaft durch die Anerkennung oder doch Duldung von sozialen Konflikten von seiten der Führungsgruppen charakterisiert. Konflikte werden nicht mehr notwendig als disfunktional für die Stabilität des politischen Systems, sondern auch, wie Lenin sagt, als „Motoren der Entwicklung" angesehen. Allerdings ist der Anerkennung beziehungsweise Duldung von Konflikten eine doppelte Grenze gesetzt: Konflikte und von den Verhaltensmustern der Parteiführung divergierende Verhaltensweisen können sich zwar in der DDR-Gesellschaft heute artikulieren, jedoch nicht eigenständig politisch organisieren. Konflikte werden von der SED-Führung lediglich unter der Voraussetzung ihrer zentral gesteuerten Überwindung, ihrer „Integrierbarkeit", anerkannt. Welche Konflikte dabei jeweils als integrierbar angesehen werden, ist *a priori* schwer zu entscheiden. Die Spitzengremien der Partei versuchen prinzipiell, die Konflikte, die jeweils gelöst werden sollen, auch heute noch selbst zu bestimmen.

[...] Im Rückgriff auf die Unterscheidung von totalitärer und autoritärer Herrschaft ist folgende Grundhypothese zu formulieren: Wenn konstitutive Merkmale der industriellen Gesellschaft, in erster Linie der in ihr vorherrschende Organisationstyp, von der Parteiführung der SED implizite oder explizite anerkannt werden, dann wandelt sich die totalitäre Herrschaft zur autoritären. Der wissenschaftlich-technische Fortschritt setzt eine Reihe von Kräften frei, die funktionale und disfunktionale Konflikte für das Herrschaftssystem in der DDR mit sich bringen. Er begünstigt die Differenzierung der politischen Führungsgruppe und führt neue, konkurrierende Eliten herauf, so daß die totale Durchdringung der Gesellschaft durch das ideologische Wollen einer Partei gegenwärtig in weit schwächerem Maße gegeben ist und Schwankungen im Sanktionenvollzug der herrschenden Gruppen fast unvermeidlich werden.

Ludz, Peter Christian: Parteielite im Wandel. Funktionsaufbau, Sozialstruktur und Ideologie der SED-Führung. Eine empirisch-systematische Untersuchung, Köln und Opladen (Westdeutscher Verlag) 1968, S. 3–5 **[37, 38, 39]**

Vgl. Texte 39, 57, 59, 62, 65.

H. Marcuse: Tendenz der gegenwärtigen Industriegesellschaft zum Totalitären — Text 67

Im Brennpunkt der Analyse steht die fortgeschrittene Industriegesellschaft, in der der technische Produktions- und Verteilungsapparat (bei einem zunehmenden automatisierten Sektor) nicht als eine Gesamtsumme bloßer Instrumente funktioniert, die von ihren gesellschaftlichen und politischen Wirkungen isoliert werden können, sondern vielmehr als ein System, von dem das Produkt des Apparats wie die Operationen, ihn zu bedienen und zu erweitern, a priori bestimmt werden. In dieser Gesellschaft tendiert der Produktionsapparat dazu, in dem Maße totalitär zu werden, wie er nicht nur die gesellschaftlich notwendigen Betätigungen, Fertigkeiten und Haltungen bestimmt, sondern auch die individuellen Bedürfnisse und Wünsche. Er ebnet so den Gegensatz zwischen privater und öffentlicher Existenz, zwischen individuellen und gesellschaftlichen Bedürfnissen ein. Die Technik dient dazu, neue, wirksamere und angenehmere Formen sozialer Kontrolle und sozialen Zusammenhalts einzuführen. Die totalitäre Tendenz dieser Kontrollen scheint sich noch in einem anderen Sinne durchzusetzen – dadurch, daß sie sich auf die weniger entwickelten, selbst vorindustriellen Gebiete der Welt ausbreitet und dadurch, daß sie Ähnlichkeiten in der Entwicklung von Kapitalismus und Kommunismus hervorbringt. Angesichts der totalitären Züge dieser Gesellschaft läßt sich der traditionelle Begriff der „Neutralität" der Technik nicht mehr aufrechterhalten. Technik als solche kann nicht von dem Gebrauch abgelöst werden, der von ihr gemacht wird; die technologische Gesellschaft ist ein Herrschaftssystem, das bereits im Begriff und Aufbau der Techniken am Werke ist.

[...] Infolge der Art, wie sie ihre technische Basis organisiert hat, tendiert die gegenwärtige Industriegesellschaft zum Totalitären. Denn „totalitär" ist nicht nur eine terroristische politische Gleichschaltung der Gesellschaft, sondern auch eine nichtterroristische ökonomisch-technische Gleichschaltung, die sich in der Manipulation von Bedürfnissen durch althergebrachte Interessen geltend macht. Sie beugt so dem Aufkommen einer wirksamen Opposition gegen das Ganze vor. Nicht nur eine besondere Regierungsform oder Parteiherrschaft bewirkt Totalitarismus, sondern auch ein besonderes Produktions- und Verteilungssystem, das sich mit einem „Pluralismus" von Parteien, Zeitungen, „ausgleichenden Mächen" etc. durchaus verträgt.

Marcuse, Herbert: Der eindimensionale Mensch, Neuwied (Luchterhand) 1967, S. 17/18 und 23

Vgl. Texte 65, 66, 68. **[39]**

Die Datenbank – wirksamer als die Nazi-Überwachung? **Text 68**

Der Kölner Diplom-Soziologe Paul J. Müller konkretisiert die berechtigte Sorge in politischer Hinsicht: „Es wird dazu kommen, daß durch die erhöhte Möglichkeit der Transparenz unseres Lebens für staatliche und private Instanzen, es weniger möglich sein wird, einen individuellen Lebensstil auszuführen. Deshalb ist es auch nicht verwunderlich, daß zum Beispiel Steinmüller und Mitarbeiter in dem Gutachten fürs Innenministerium ‚Grundlagen des Datenschutzes' gesagt haben, daß durch den Einsatz von Computer-Verbundsystemen ähnliche Effekte auftreten, wie sie in totalitären Staaten existieren. Dies ist zwar meiner Meinung nach nicht so haltbar. Denn dies ist zum Teil Folge wohl eines fehlenden Wissens über die tatsächliche Organisation der Macht in der Bundesrepublik und über die enormen Gestaltungsmöglichkeiten der modernen Technologie. Aber es muß zugegeben werden, daß der Einsatz solcher Verbundsysteme zur Kontrolle des Alltags der Bürger wahrscheinlich erfolgreicher wäre, als dies zum Beispiel die Organisation der NSDAP mit ihren Haus- und Blockwarten war."

Zitat aus: Hoffmann, Gerd E.: Der Bürger auf der Datenbank, in: Technologie und Politik (rororo aktuell Magazin 1), Reinbek 1975, S. 67–96 (hier: S. 79) **[41]**

Vgl. Texte 13, 41, 65, 67.

5. Faschismustheorien

Mussolini: Die Lehre des Faschismus (1932) **Text 69**

I. Die Philosophie des Faschismus in ihren Grundgedanken

1. Der Faschismus als Philosophie: Wie jede festgegründete politische Auffassung ist der Faschismus zugleich Tat und Gedanke, ein Handeln, das eine Doktrin in sich birgt, und eine Doktrin, die aus einem gegebenen System geschichtlicher Kräfte entstanden, mit diesem innig verbunden bleibt und in ihm von innen heraus wirksam ist. Als Doktrin hat sie eine den Bedingungen von Raum und Zeit entsprechende Gestalt; gleichzeitig besitzt sie aber einen ideellen Gehalt, der sie innerhalb der erhabenen Geschichte des Geistes auf die Ebene der Wahrheit erhebt. [...]
3. Die positive Auffassung des Lebens als Kampf: Der Faschismus ist also eine geistige Haltung, die ebenfalls aus der allgemeinen Gegenbewegung unseres Jahrhunderts gegen den kraftlosen und materialistischen Positivismus des neunzehnten Jahrhunderts hervorgegangen ist. Antipositivistisch, jedoch positiv: nicht skeptisch noch agnostisch noch pessimistisch noch passiv-optimistisch, wie es in der Regel alle jene negativen Doktrinen sind, welche den Kern des Lebens außerhalb des Menschen legen, der sich mit seinem freien Willen seine Welt schaffen kann und soll. Der Faschismus fordert den tätigen, mit allen Willenskräften sich einsetzenden Menschen, der bereit ist, allen Schwierigkeiten männlich entgegenzutreten und sich ihnen zu stellen. Ihm ist das Leben ein Kampf, da nach seiner Ansicht es dem Menschen aufgegeben ist, jenes Leben zu erobern, das seiner wahrhaft würdig ist, indem er vor allen Dingen das Werkzeug (körperlich, geistig und sittlich) in sich selbst schafft, um das Leben aufzubauen. Das gilt für das Individuum, das gilt für die Nation, das gilt für die Menschheit. Daher der hohe Wert der Kultur in allen ihren Formen, in Kunst, Religion und Wissenschaft, und daher auch die überragende Bedeutung der Erziehung, der besondere Wert der Arbeit, durch die der Mensch die Natur besiegt und seine eigene Welt (in wirtschaftlicher, politischer, moralischer und geistiger Beziehung) erschafft. [...]
7. Antiindividualismus und Freiheit: Als antiindividualistische Idee tritt der Faschismus für den Staat ein. Er ist auch für das Individuum, soweit es im Staate aufgeht, der das universale Bewußtsein und den Willen des Menschen in seiner geschichtlichen Existenz darstellt. Der Faschismus ist gegen den klassischen Liberalismus, der dem Bedürfnis, sich gegen den Absolutismus aufzulehnen, entsprungen ist und seine geschichtliche Sendung erfüllt hat, seitdem der Staat zum Bewußtsein und zum Willen des Volkes selbst geworden ist. Der Liberalismus negiert den Staat im Interesse des einzelnen Individuums; der Faschismus bejaht den Staat als die einzig wahre Realität des Individuums. Und wenn Freiheit ein Recht des realen Menschen sein soll und nicht jenes abstrakten Gebildes, an das der individualistische Liberalismus dachte, so ist der Faschismus für die Freiheit. Er ist für die einzige Freiheit, die ernst genommen werden kann, nämlich für die Freiheit des Staates und des Individuums im Staate. Denn es liegt

für den Faschismus alles im Staate beschlossen. Nichts Menschliches oder Geistiges besteht an sich, noch weniger besitzt dieses irgendeinen Wert außerhalb des Staates. In diesem Sinne ist der Faschismus totalitär, und der faschistische Staat als Zusammenfassung und Vereinheitlichung aller Werte gibt dem Leben des ganzen Volkes seine Deutung, bringt es zur Entfaltung und kräftigt es.
8. Gegen den Sozialismus und für den korporativen Gedanken: Außerhalb des Staates darf es keine Individuen noch Gruppen (politische Parteien, Vereine, Syndikate und Klassen) geben. Daher ist der Faschismus gegen den Sozialismus, der die geschichtliche Bewegung im Klassenkampf erstarren läßt und die staatliche Einheit leugnet, die die Klassen zu einer einzigen wirtschaftlichen und sittlichen Realität miteinander verschmilzt. [...]
9. Demokratie und Nation: Die Individuen werden gemäß der Art ihrer Sonderinteressen eingegliedert (sono classi); sie werden nach den verschiedenartigen wirtschaftlichen Tätigkeiten, an denen sie teilhaben, zu Syndikaten zusammengefaßt. Doch sind sie vor allem und über allem: Staat. Dieser ist keine bloße Zahl als Summe der Einzelwesen, welche die Mehrheit des Volkes ausmachen. Der Faschismus wendet sich daher gegen die Demokratie, die das Volk mit Mehrheit gleichsetzt und es auf den Stand der Masse herabdrückt. Es ist die reinere Form der Demokratie, wenn man das Volk so auffaßt, wie es sein soll, nämlich qualitativ und nicht quantitativ, so wie es der stärkeren, weil sittlicheren, folgerichtigeren und wahreren Idee entspricht: daß sich nämlich im Volke Bewußtsein und Wille aller, ja sogar nur eines einzigen, ausdrückt – eine Idee, die sich im Bewußtsein und Willen aller derjenigen zu verwirklichen sucht, die aus natürlichen und geschichtlichen Gründen ethnologisch das Recht ableiten, ein Bewußtsein zu haben und einen Willen zu bilden, nachdem sie die gleiche Entwicklung durchgemacht und die gleiche Geistesbildung erworben haben. Das Volk ist nicht Rasse oder ein geographisches Gebiet, sondern eine in der geschichtlichen Entwicklung sich ununterbrochen erhaltende Gemeinschaft, eine Vielheit, die geeint wird durch eine Idee, welche aus Existenz- und Machtwillen besteht: Es ist sich seiner selbst bewußt und stellt eine Persönlichkeit dar (coszienza di sè, personalità). [...]
13. Autorität: Alles in allem: Der Faschismus ist nicht nur Gesetzgeber und Gründer von Einrichtungen (fondatore d'istituti), sondern Erzieher und Förderer des geistigen Lebens (vita spirituale). Er will nicht die Formen des menschlichen Lebens, sondern seinen Inhalt, den Menschen, den Charakter, den Glauben neu schaffen. Und zu diesem Zwecke fordert er Disziplin und eine Autorität, die in die Geister eindringt und darin unumstritten herrscht. Sein Wahrzeichen ist daher das Liktorenbündel, das Symbol der Einheit, der Kraft (forza) und der Gerechtigkeit.

II. Die politische und soziale Doktrin des Faschismus

[...]
10. Wesen und Aufgabe des Staates: [...] Der Staat, wie ihn der Faschismus auffaßt und verwirklicht, ist eine geistige und moralische Tatsache, denn er schafft eine bestimmte politische, juristische und wirtschaftliche Organisation der

Nation, die in ihrem Ursprung und in ihrer Entwicklung wiederum eine Offenbarung des Geistes ist. Der Staat gewährleistet die innere und äußere Sicherheit, aber er ist auch der Hüter und Vermittler des Volksgeistes, so, wie sich dieser jahrhundertelang in Sprache, Sitte und Glauben herausgebildet hat. Der Staat ist nicht nur Gegenwart, sondern auch Vergangenheit und vor allem Zukunft. Da der Staat die engen Grenzen des persönlichen Lebens überschreitet, stellt er das immanente Bewußtsein (la coscienza immanente) der Nation dar. Die Formen, in denen die Staaten sich ausdrücken, wechseln, aber die Notwendigkeit der Existenz bleibt bestehen. Der Staat erzieht die Bürger zur Tüchtigkeit (virtù civile). Er gibt ihnen das Bewußtsein ihrer Sendung und rüttelt sie zur Einigkeit auf. Er gleicht ihre Interessen gerecht aus (armonizza), überliefert die Fortschritte des Geistes in Wissenschaft, Kunst, Recht und fördert das menschliche Zusammengehörigkeitsgefühl (umana solidarietà). Er treibt die Menschen aus dem rohen Stammesleben zur höchsten Machtentfaltung (potenza), zum Reich (impero). Er vertraut den Jahrhunderten die Namen derer an, die für seine Integrität oder in Gehorsam gegen seine Gesetze gestorben sind; er zeigt und empfiehlt den kommenden Generationen als Vorbild die Führer, die sein Territorium vergrößerten, und die Großen, die ihm Ruhmesglanz verliehen. Wenn das Gefühl für den Staat abstirbt und die auflösenden zentrifugalen Bestrebungen der Individuen oder der Gruppen vorherrschen, dann neigt sich das Leben einer Nation dem Untergange zu.“ [...]

13. Macht und Disziplin: Der faschistische Staat ist Wille zur Macht und Herrschaft. Die römische Überlieferung ist ihm eine Idee des Antriebes (un' idea di forza). In der Doktrin des Faschismus ist „impero“ nicht nur ein territorialer, militärischer oder merkantiler, sondern ein geistiger oder moralischer Begriff. Man kann sich sehr wohl ein „impero“ vorstellen als eine Nation, die unmittelbar oder mittelbar andere Nationen leitet, ohne daß es notwendig wäre, einen einzigen Quadratkilometer Landes zu erobern. Für den Faschismus ist das Streben zum Impero, das heißt zur Expansion der Nation, ein Ausdruck der Vitalität. Sein Gegensatz, das Zuhausebleibenwollen (il piede di casa), ist ein Zeichen des Verfalls. Völker, die steigen oder wiederaufsteigen, sind imperialistisch, nur niedergehende Völker können verzichten. Der Faschismus ist die angemessenste Doktrin, um die Bestrebungen und den Geist (gli stati d'animo) eines Volkes wie des italienischen darzustellen, das nach vielen Jahrhunderten des Niederganges (abbandono) und der Fremdherrschaft sich wieder erhebt. Aber das Impero erfordert Disziplin, Zusammenwirken der Kräfte (coordinazione), Pflicht und Opfer. Daraus lassen sich viele Erscheinungen des praktischen Wirkens des Regimes, die Richtung vieler Kräfte des Staates und die notwendige Strenge gegen diejenigen erklären, die sich dieser spontanen und schicksalhaften Bewegung Italiens im zwanzigsten Jahrhundert entgegenstemmen, indem sie sich der überwundenen Gedankengebilde des neunzehnten Jahrhunderts bedienen, die überall verworfen wurden, wo große Versuche politischer und sozaler Umbildungen gewagt worden sind; mehr als je haben heute die Völker ein Verlangen nach Autorität, Lenkung und Ordnung (di autorità, di direttive, di ordine). Wenn jedes Jahrhundert seine Doktrin hat, so sprechen tausend Anzeichen dafür, daß die Doktrin des gegenwärtigen Jahrhunderts der

Faschismus ist; daß er eine lebendige Doktrin ist, beweist die Tatsache, daß er einen Glauben erweckt hat; daß der Glaube die Seelen erobert hat, beweist die Tatsache, daß der Faschismus seine Gefallenen und seine Blutzeugen besitzt.

Benito Mussolini: Die Lehre des Faschismus. Auszüge aus: Nolte, Ernst (Hrsg.): Theorien über den Faschismus, Köln (Kiepenheuer & Witsch) 1967, S. 205–220

Vgl. Texte 12, 13, 18, 37, 39, 70, 71, 73, 78.

Kühnl: Faschistische Ideologie — Text 70

Ideologie und Propaganda des Faschismus entsprachen sowohl der Mentalität der Anhängerschaft als auch den Bedürfnissen der herrschenden Klasse. Die faschistische Ideologie mußte einerseits die Unzufriedenheit der Massen mit den bestehenden Zuständen ausdrücken, durfte aber anderseits die kapitalistische Gesellschaftsordnung nicht gefährden. Nur so war es möglich, diese Unzufriedenheit aufzufangen und in Kanäle zu lenken, die für das bestehende System nicht nur ungefährlich, sondern vielleicht noch nützlich waren. Eine solche Politik war natürlich nur dann möglich, wenn die Massen durch ihre soziale Lage und ihre geistige und politische Tradition bereits entsprechend präformiert waren.

Sechs Grundmotive können unterschieden werden, von denen jedes eine klar umschriebene Funktion hat, die aber erst in ihrem Zusammenspiel die Eigentümlichkeit und die Wirksamkeit der faschistischen Ideologie ausmachen. Die Gemeinschaftsideologie, zu der auch der Nationalismus zählt; die Ideologie von der Autorität, die im Führerprinzip mündet; die Eigentumsideologie, die in einem militanten Antikommunismus gipfelt; gewisse antikapitalistische Akzente, die sich gegen das große Kapital richten, durch die Verbindung mit den übrigen Elementen, besonders mit der Eigentumsideologie jedoch politisch entschärft werden; die Sündenbockphilosophie, die eine einleuchtende Erklärung für alle Übel dieser Welt liefert und zugleich den Massen Objekte bietet, an denen sie ihre Aggressionen gefahrlos entladen können; und schließlich der Militarismus, der die Massen ideologisch auf den Krieg vorbereitet.

Kühnl, Reinhard: Formen bürgerlicher Herrschaft. Liberalismus – Faschismus, Reinbek 1971, S. 84 (= rororo aktuell 1342) **[43]**

Vgl. Texte 5, 12, 16, 18, 61, 69.

Mussolini über Faschismus und Nationalsozialismus — Text 71

Aus einer Rede gehalten in Berlin am 28. 9. 1937.

Wir haben viele Elemente unserer Weltanschauung gemeinsam. Nicht nur haben Nationalsozialismus und Faschismus überall dieselben Feinde, die demselben Herrn dienen: der Dritten Internationale, sondern ihnen sind auch viele Begriffe der Lebens- und Geschichtsauffassung gemeinsam. Beide glauben an den Willen als die bestimmende Kraft im Leben der Völker, als die Antriebskraft ihrer Geschichte, und weisen deshalb die Lehren des sogenannten geschichtlichen Materialismus und seiner politischen und philosophischen Nebenprodukte zurück. Beide verherrlichen wir die Arbeit – in ihren unzähligen Erscheinungsformen – als das Zeichen menschlichen Adels. Beide stützen wir uns auf die Jugend, die wir erziehen zur Disziplin, zum Mut, zur Zähigkeit, zur Vaterlandsliebe und zur Verachtung eines bequemen Lebens.

Das wiedererstandene Imperium Roms ist das Werk dieses neuen Geistes, der Italien beseelt. Die deutsche Wiedergeburt ist gleichfalls das Werk einer geistigen Kraft, des Glaubens an eine Idee, an die erst nur ein einziger glaubte, dann eine Schar von Vorkämpfern und Märtyrern, dann eine Minderheit und endlich ein ganzes Volk. Deutschland und Italien verfolgen das gleiche Ziel auch auf dem Gebiet der Wirtschaftsautarkie: ohne wirtschaftliche Unabhängigkeit ist die politische Unabhängigkeit einer Nation selbst in Frage gestellt, und ein Volk von großer militärischer Kraft kann zum Opfer einer wirtschaftlichen Blockade werden. [...]

Diese Gemeinsamkeit der Gedanken in Deutschland und Italien hat ihren Ausdruck gefunden im Kampf gegen den Bolschewismus, die moderne Form finsterster byzantischer Gewaltherrschaft, jene unerhörte Ausbeutung der Leichtgläubigkeit der niederen Massen, jene Hunger-, Blut- und Sklavenregierung. Diese Form menschlicher Entartung, die von der Lüge lebt, hat der Faschismus nach dem Krieg mit äußerster Energie bekämpft: bekämpft mit dem Wort und mit der Waffe. Denn, wenn das Wort nicht ausreicht und wenn drohende Umstände es fordern, muß man zur Waffe greifen.

Nolte, Ernst: Der Faschismus. Von Mussolini zu Hitler, München (Kurt Desch) 1968, S. 272 und 274, auch abgedruckt in: Ursachen und Folgen, Band XI, S. 507–512 **[43]**

Vgl. Text 72.

Nolte: Faschismus und Nationalsozialismus **Text 72**

Ohne größere Schwierigkeiten und ohne ernsten Dissens lassen sich eine ganze Anzahl von Merkmalen zusammenstellen, die dem italienischen Faschismus und dem deutschen Nationalsozialismus gemeinsam waren: Führerprinzip, Parteiarmee, Massenversammlungen, elitistische beziehungsweise rassistische Ideologie, Korporativismus (das heißt weitgehende Regulierung der Wirtschaft ohne grundsätzliche Antastung des Privateigentums) – die grundlegenden Ereignisse, denen der als europäisches Phänomen gefaßte Faschismus entsprang, sind gering an Zahl, nämlich zwei: der Erste Weltkrieg und die paradoxe Machtergreifung „des Marxismus" in Rußland. Der Faschismus war in Deutschland wie in Italien vor allem ein Produkt von Männern, die den Krieg als befreiende und prinzipiell wiederholbare Notwendigkeit erfahren haben.

Nolte, Ernst: Der Faschismus in seiner Epoche. Sinn und Konsequenzen eines Begriffs, in: Frankfurter Allgemeine Zeitung, 10. 7. 1976 **[43]**

Vgl. Texte 6, 71, 81.

Clara Zetkin: Faschismus, Sozialismus und Kommunismus (1923) **Text 73**

Rede auf der Konferenz der Erweiterten Exekutive der Kommunistischen Internationale, Moskau 1923

Der Faszismus hat noch eine andere Wurzel. Es ist das Stocken, der schleppende Gang der Weltrevolution infolge des Verrates der reformistischen Führer der Arbeiterbewegung. Ein großer Teil der proletarisierten oder von der Proletarisierung bedrohten klein- und mittelbürgerlichen Schichten, der Beamten, bürgerlichen Intellektuellen hatte die Kriegspsychologie durch eine gewisse Sympathie für den reformistischen Sozialismus ersetzt. Sie erhofften vom reformistischen Sozialismus dank der „Demokratie" eine Weltwende. Diese

Erwartungen sind bitter enttäuscht worden. Die Reformsozialisten treiben eine sanfte Koalitionspolitik, deren Kosten zusammen mit den Proletariern und Angestellten die Beamten, Intellektuellen, Klein- und Mittelbürger jeder Art zahlen. Diese Schichten entbehren im allgemeinen der theoretischen, geschichtlichen, politischen Schulung. Ihre Sympathie für den Reformsozialismus war nicht tief verwurzelt. So kam es, daß sie nicht bloß den Glauben an die reformistischen Führer verloren, sondern an den Sozialismus selbst. „Uns ist von den Sozialisten versprochen worden eine Erleichterung unserer Lasten und Leiden, allerhand Schönes, eine Neugestaltung der Gesellschaft nach den Grundsätzen der Gerechtigkeit, der Demokratie“, so erklärten sie. „Aber die ganz Großen und Reichen wirtschaften und herrschen noch härter weiter als bisher.“ Zu den vom Sozialismus enttäuschten Bürgerlichen stoßen auch proletarische Elemente. Und alle diese Enttäuschten – mögen sie bürgerlicher oder proletarischer Herkunft sein – gehen noch einer wertvollen seelischen Kraft verlustig, die hoffnungsfreudig aus der düsteren Gegenwart in eine lichte Zukunft blicken läßt. Es ist das Vertrauen auf das Proletariat als die gesellschaftsumwälzende Klasse. Daß die reformistischen Führer es verraten, wiegt für die Einstellung der enttäuschten Elemente nicht so schwer wie die andere Tatsache, nämlich, daß die proletarischen Massen den Verrat dulden, daß sie das kapitalistische Joch ohne Auflehnung kampflos weiter tragen, ja sich mit härterer Pein abfinden als zuvor.

Übrigens, um gerecht zu sein, muß ich hinzufügen, daß auch die Kommunistischen Parteien – wenn ich von Rußland absehe – nicht ohne Schuld daran sind, daß es im Proletariat Enttäuschte gibt, die sich dem Faszismus in die Arme werfen. Ihre Aktionen sind oft genug nicht kraftvoll genug gewesen, ihre Aktivität nicht ausreichend, und sie erfaßte nicht tief, nicht stark genug die Massen. Ich sehe von Fehlern der Taktik ab, die Niederlagen brachten. Kein Zweifel, daß gerade manche der aktivsten, energischsten, revolutionär gesinnten Proletarier nicht den Weg zu uns gefunden haben oder auf diesem Wege umgekehrt sind, weil wir ihrer Empfindung nach nicht tatkräftig, nicht aggressiv genug aufgetreten sind und weil wir nicht verstanden haben, ihnen genügend klar zum Bewußtsein zu bringen, weshalb wir unter Umständen auch eine gerechtfertigte unfreiwillige Zurückhaltung üben mußten.

Tausendköpfige Massen strömten dem Faszismus zu. Er wurde ein Asyl für politisch Obdachlose, für sozial Entwurzelte, für Existenzlose und Enttäuschte. Und was sie alle nicht erhofften von der revolutionären Klasse des Proletariats und vom Sozialismus, das erhoffen sie als Werk der tüchtigsten, stärksten, entschlossensten, kühnsten Elemente aller Klassen. Auch sie müssen zu einer Gemeinschaft zusammengefaßt werden. Diese Gemeinschaft ist für die Faszisten die Nation. Sie wähnen, daß der ernste Wille, sozial ein Neues, Besseres zu schaffen, machtvoll genug sei, alle Klassengegensätze zu überbrücken. Das Mittel für die Verwirklichung des faszistischen Ideals ist ihnen der Staat. Ein starker, ein autoritärer Staat, der gleichzeitig ihr ureigenstes Geschöpf und ihr williges Werkzeug sein soll. Hoch über allen Parteiunterschieden und Klassengegensätzen wird er thronen und die soziale Welt nach ihrer Ideologie, ihrem Programm gestalten.

[...] Es liegt auf der Hand, daß der Faszismus in den einzelnen Ländern ver-

schiedene Charakterzüge trägt, je nach den vorliegenden konkreten Verhältnissen. Jedoch zwei Wesenszüge sind ihm in allen Ländern eigen: ein scheinrevolutionäres Programm, das außerordentlich geschickt an die Stimmungen, Interessen und Forderungen breitester sozialer Massen anknüpft, dazu die Anwendung des brutalsten, gewalttätigsten Terrors.
[…] Der Faszismus ist eine internationale Erscheinung, darüber sind wir uns alle einig. Nach Italien hat er bis jetzt wohl seine stärkste und festeste Position in Deutschland errungen. Hier haben der Ausgang des Krieges und das Versagen der Revolution seine Entwicklung begünstigt.

Nolte, Ernst (Hrsg.): Theorien über den Faschismus, Köln (Kiepenheuer & Witsch) 1967, S. 91/92, 94, 106 **Vgl. Texte 7, 69, 72. [10,44]**

Komintern-Resolution über den Faschismus (1924) **Text 74**

Der Faschismus ist eine der klassischen Formen der Konterrevolution in der Verfallsepoche der kapitalistischen Gesellschaftsordnung, in der Epoche der proletarischen Revolution, im besonderen dort, wo das Proletariat den Machtkampf aufgenommen, aber weil es ihm an revolutionärer Erfahrung mangelt und weil keine führende revolutionäre Klassenpartei da ist, nicht verstanden hat, die proletarische Revolution zu organisieren und die Erhebung der Massen bis zur Errichtung der proletarischen Diktatur zu steigern. Der Faschismus ist das Kampfinstrument der Großbourgeoisie gegen das Proletariat, zu dessen Niederwurf die legalen staatlichen Machtmittel nicht mehr ausreichen; er ist das außerlegale Kampfmittel der Großbourgeoisie zur Aufrichtung und Festigung ihrer Diktatur. Aber seiner sozialen Struktur nach ist der Faschismus eine kleinbürgerliche Bewegung. Seine Wurzeln hat er in den infolge der kapitalistischen Krise dem Untergang geweihten Mittelschichten sowie in den durch die Folgen des Krieges deklassierten Elementen (gewesenen Offizieren usw.) und teilweise sogar in den in ihren revolutionären Erwartungen enttäuschten und verbitterten Elementen des Proletariats.

Pirker, Theo: Komintern und Faschismus, Stuttgart (Deutsche Verlags-Anstalt) 1965, S. 124 **[23,44]**
Vgl. Texte 7, 10, 63, 73, 75, 76, 31.

Erdmann: Kritik an der marxistischen Faschismustheorie **Text 75**

Nicht erklärbar wird durch die sowjet-marxistische Faschismustheorie die Tatsache, daß der Faschismus in den am meisten entwickelten bürgerlich-kapitalistischen Gesellschaften des Westens – USA, England, Frankreich – nichts auszurichten vermochte, sondern daß er sich im Gegenteil gerade dort entfaltete, wo in Gesellschaft und Staat noch starke vorindustrielle Elemente vorhanden waren wie in Italien und Deutschland. Nicht genügend berücksichtigt wird in dieser Theorie auch die Tatsache, daß der Faschismus, jedenfalls was den Nationalsozialismus betrifft, erst zu einer Zeit für die kapitalistische Wirtschaft interessant wurde, als er bereits zu der stärksten politischen Massenbewegung in Deutschland geworden war. Es ist absurd, die Erfolge der nationalsozialistischen Propaganda in irgendeinem beträchtlichen Ausmaß darauf zurückzuführen, daß erst die finanzielle Unterstützung durch das Großkapital den Aufbau des Propagandaapparates ermöglicht habe. **Vgl. Texte 31, 74, 76, 77, 80.**

Erdmann, Karl Dietrich: Nationalsozialismus – Faschismus – Totalitarismus, in: Geschichte in Wissenschaft und Unterricht 8/76, Stuttgart (Ernst Klett), S. 457–469 (hier: S. 461)

Kühnl: Die Herrschaftsstruktur **Text 76**

Die Herrschaftsstruktur des faschistischen Systems ist also anders zu bestimmen, als es in der öffentlichen Meinung und der Geschichtsschreibung bisher überwiegend geschehen ist. Das faschistische System war keineswegs – wie es von der bürgerlichen Geschichtswissenschaft erfunden und von großen Teilen der veröffentlichten Meinung verbreitet wurde – die unumschränkte Diktatur des faschistischen Führers, die alle gleichermaßen unterdrückte und zu wehrlosen Befehlsempfängern degradierte. Sie war aber auch nicht – wie es von der Kommunistischen Internationale behauptet und von den meisten kommunistischen Parteien der sozialistischen Staaten bis heute vertreten wurde – die direkte Herrschaft des Finanzkapitals, die sich die faschistische Exekutive als ihr Instrument engagiert hatte. Vielmehr handelte es sich um ein kompliziertes Bündnissystem zwischen den Organisationen der faschistischen Bewegung und den maßgeblichen Gruppen der sozialen Oberklassen, das auf gemeinsamen Zielen und Interessen beruhte.

Kühnl, Reinhard: Formen bürgerlicher Herrschaft. Liberalismus – Faschismus, Reinbek 1971, S. 140 (rororo aktuell 1342) **[23, 44]**

Vgl. Texte 6, 10, 31, 61, 63, 77, 79, 80.

Dahrendorf: Extremismus der Mitte **Text 77**

[...] Nur eine moderne Gesellschaft, d. h. eine Gesellschaft, deren traditionale Bindungen zerstört sind, kann totalitär sein; daher galt der Kampf der Nationalsozialisten vor allem der Tradition. Nur spezifisch neue soziale Gruppen können als Basis dieser neuen politischen Bewegung gedacht werden. Daher scheinen die Hinweise auf den Zusammenhang des neuen Mittelstandes von Angestellten und Beamten mit dem Aufstieg des Totalitarismus insbesondere in Deutschland wichtig und überzeugend. [...] Während aber die Geschichte und Basis des modernen Totalitarismus, die besondere Geschichte des deutschen Nationalsozialismus, die mesalliance von Konservativen und radikalen Gegnern der Demokratie im Jahre 1933, ja natürlich auch die Personen von Papen und Hindenburg, Schleicher und Hitler, die Ereignisse der Wirtschaftskrise und manches andere Phänomen wichtige Zwischenglieder liefern, um den 30. Januar 1933 mit dem Syndrom der verworfenen Gesellschaft zu verbinden, bilden deren soziale Strukturen den Grund und Ausgangspunkt für jede Erklärung des Phänomens.

[...] Lipset hat Berechnungen von Hans Gerth über die soziale Zusammensetzung dieser Führungsgruppen auf die Berufsschichtung der deutschen Bevölkerung bezogen und dabei festgestellt, daß vor allem vier Berufsgruppen unter den Nazi-Führern erheblich überrepräsentiert waren: Beamte (147%), Angestellte (169%), Dienstpersonal und Mithelfende Familienangehörige (178%), Selbständige (187%). In den Quellen ihrer Unterstützung wie in ihrer eigenen Gestalt kann also zumindest die frühe NSDAP als eine Mittelstandspartei beschrieben werden. Warum aber sollte der Mittelstand eine antidemokratische Partei unterstützen? Lipset weist auf das Besondere der Tatsache hin, daß mit fortschreitender Industrialisierung neben den Radikalismus der Linken, getragen vom Proletariat, und den Radikalismus der Rechten im Interesse der

großen Eigentümer an Land und Kapital ein Radikalismus derer tritt, die traditionell in der Mitte stehen. Dieser wird informiert durch die Aversion gegen die beiden anderen Radikalismen; seine Verfechter suchen Schutz gegen den beherrschenden Klassenkampf von links und rechts; sie suchen den starken Staat, um zwischen den beiden als solchen erlebten Übeln von Kapitalismus einerseits und Sozialismus andererseits einen dritten Weg zu finden. Theodor Geiger faßt diese Haltung in der schon einmal zitierten Formel: »Eine Klasse leugnet mit Entrüstung, Klasse zu sein, und führt einen erbitterten Klassenkampf gegen Wirklichkeit und Idee des Klassenkampfes". Ob Klassenkampf oder nicht – die Wurzel dieses Extremismus ist die Unsicherheit der sozialen Position; seine vornehmlichen Träger sind die am wenigsten geprägten und intelligenten Gruppen des Mittelstandes; seine Ideologie ist der Faschismus.
[...] Gesellschaft und Demokratie lagen in der Weimarer Republik nicht nur quer zueinander, sondern die soziale Realität begründete den militanten Protest gegen die politische Form der Demokratie. Dieser Protest nun vereinigte die beiden früher beschriebenen, höchst ungleichen Kräfte. Auf der einen Seite gab es jene, die die Demokratie durch die Rückkehr zu den noch vertrauten Formen autoritärer Regierung überwinden wollten. Diese Konservativen rekrutierten sich aus den traditionellen „staatstragenden Schichten" der Beamten und Militärs, Agrarier und auch Unternehmer. Man mag Hindenburg ihr Symbol nennen; ihre Mittel waren handfester. Auf der anderen Seite, und von den Konservativen zunächst mißtrauisch zurückgewiesen, entstand in der NSDAP eine neue, neuartige antidemokratische Kraft. So gewiß ihre Gegnerschaft gegen die Verfassung der Freiheit war, so ungewiß blieb lange ihre politische Zielsetzung. Die Unterstützung, die diese Partei fand, bezeugt nicht nur spezifisch deutsche Entwicklungen, sondern eine Tendenz, die mit dem Wachsen des neuen Mittelstandes der Dienstklasse allerorten entstand. Aber während die Bedrohung der Verfassung der Freiheit durch den „Extremismus der Mitte" in England und den Vereinigten Staaten vorüberging, setzte sie sich in Deutschland durch. Der Grund für diesen Erfolg läßt sich negativ durch die fehlende Resistenz der Menschen fast aller Gruppen und Schichten gegen antidemokratische Formen beschreiben. Nahezu jeder Vorschlag einer andersartigen Verfassung mußte den verworfenen Strukturen der Gesellschaft besser entsprechen als die politische Demokratie. Weil also der neue illiberale Radikalismus der Nationalsozialisten nicht auf den Boden einer liberalen, sondern auf den einer selbst illiberalen, nämlich autoritären Tradition fiel, fand er in Deutschland den Weg zur Macht, der ihm in liberaleren Ländern verwehrt blieb. Wenden wir uns von den Patienten zu den Akteuren dieser Entwicklung, so zeichnet sich dasselbe Bild ab. In Deutschland konnte die nationalsozialistische Führungsclique sich mit einer anderen antidemokratischen und aktivistischen Elite, nämlich den autoritären Traditionsgruppen verbinden und durch die Verbindung jene Macht gewinnen, die die Beseitigung der Weimarer Verfassung erlaubte. Eine liberale Elite, die solche Entwicklungen hätte aufhalten können, gab es nicht.
Daß dieser Prozeß dennoch keinem Automatismus gehorcht, ist zu betonen. Damit meine ich nicht nur, daß er auch anders hätte verlaufen können, sondern vor allem, daß die Bedeutung der Anlässe, die ihn vorantrieben, trotz aller

Soziologie doch nicht zu gering geschätzt werden darf. Die Wirtschaftskrise hat die unmittelbar von ihr Betroffenen nicht in die Arme der Nationalsozialisten getrieben; die Stimmenverluste von Sozialdemokraten und Kommunisten etwa in den Wahlen von 1932 halten sich in Grenzen. Aber die mittelbaren Folgen der Krise, insbesondere ihre wirtschaftlichen und psychologischen Auswirkungen auf den Sicherheit und Ordnung liebenden Mittelstand, haben gewiß das rapide Wachstum der nationalsozialistischen Wählerschaft befördert. Was immer die Bedeutung der Anlässe sein mag, so gibt es jedoch wenig Anzeichen dafür, daß die Verteidiger der Weimarer Republik sich der Dimension der Aufgabe eines sozialen Wandels bewußt waren, der der Verfassung der Freiheit eine soziale Basis hätte schaffen können. Diese Dimension sahen offenbar nur jene, die den Wandel wollten, um der Verfassung der Freiheit den Garaus zu machen.

Dahrendorf, Ralf: Gesellschaft und Demokratie in Deutschland, München 1971 (dtv 757), S. 405, 408 und 413–415 [Originalausg. 1968] **[10]**

Vgl. Texte 6, 7, 10.

Nolte: Definition des Begriffs Faschismus — Text 78

Weder der Antiparlamentarismus noch der Antisemitismus ist geeignet, das Kriterium des Begriffs Faschismus zu bilden. Ganz unpräzis wäre nicht minder eine Kennzeichnung als Antikommunismus, offenkundig irreführend aber wäre eine Definition, die dieses fundamentale Merkmal nicht genügend betonte oder gar ganz fortließe. Aber auch der identifizierenden Auffassung muß ihr Recht widerfahren. Daher liegt es nahe zu sagen: *Faschismus ist Antimarxismus, der den Gegner durch die Ausbildung einer radikal entgegengesetzten und doch benachbarten Ideologie und die Anwendung von nahezu identischen und doch charakteristisch umgeprägten Methoden zu vernichten trachtet, stets aber im undurchbrechbaren Rahmen nationaler Selbstbehauptung und Autonomie.*

Diese Wesensbestimmung impliziert: daß es ohne Marxismus keinen Faschismus gibt, daß der Faschismus dem Kommunismus zugleich ferner und näher ist als der liberale Antikommunismus, daß er notwendig mindestens die Tendenz zu einer radikalen Ideologie aufweist, daß überall da von Faschismus nicht gesprochen werden sollte, wo nicht wenigstens Ansätze zu einer der „marxistischen“ vergleichbaren Organisation und Propaganda vorhanden sind. Sie macht es begreiflich, inwiefern es Stufen des Faschismus geben kann: je nach der Entwicklung der Ideologie und dem stärkeren Hervortreten eines der beiden Hauptmomente, des pseudosozialistischen oder des elitären beziehungsweise rassistischen, je nach der Entschiedenheit und mehr oder minder universalen Natur des Vernichtungswillens, je nach der Energie der Praxis. Entscheidend aber sind Ausgangspunkt und Richtung, denn dieser Begriff ist ein „teleologischer“, und selbst die markierteste Stufendifferenz hebt die Einheit des Wesens nicht auf.

Nolte, Ernst: Der Faschismus in seiner Epoche, München (Piper) 1963, S. 51/52

Vgl. Texte 69, 71, 79.

Wippermann: Thesen zum Faschismusproblem — Text 79

1. Es gibt bisher keine allgemein anerkannte Faschismustheorie. Auf eine allgemeine Faschismustheorie daher zu verzichten, scheint aus zwei Gründen nicht

opportun: a) Es kann als historisch-wissenschaftlich erwiesen gelten, daß der Faschismus zumindest ein gesamteuropäisches Phänomen zwischen den Kriegen gewesen ist. b) Faschismus war und ist bis heute ein Begriff, der über eine große emotionalisierende und politisierende Wirkung verfügt. Abgesehen von der politischen Diffamierung bedingt eine Charakterisierung einer Partei oder eines Staates als ‚faschistisch' eine bestimmte politische Strategie: die Einheitsfront aller „antifaschistischen" Kräfte.

3. Faschismustheorien, die Ähnlichkeiten des Faschismus mit einer bereits bekannten Erscheinung (Kapitalismus oder Stalinismus) so sehr betonen, daß zwei an sich verschiedene historisch-gesellschaftliche Erscheinungen identifiziert werden, haben sich als weitgehend unbrauchbar erwiesen. Dies gilt für die kommunistische Agenten- wie für die westliche Totalitarismustheorie.

4. Faschismustheorien, die von der Ideologie des Faschismus ausgehen und die empirische Untersuchung der politischen, sozialen und ökonomischen Faktoren des Aufstiegs, der Machtergreifung und Machtausübung der faschistischen Bewegungen umfassen, haben bisher das Phänomen Faschismus in seiner Gesamtheit sowie die Geschichte und Struktur der einzelnen faschistischen Bewegungen am überzeugendsten darstellen können.

5. Faschismustheorien müssen soziale Basis und soziale Funktion sowie den Zweck, die ideologische Zielrichtung ‚des' Faschismus (Industrialisierung oder Krieg und Rassenherrschaft) untersuchen und erklären.

6. Sinnvoll wäre es, zu unterscheiden zwischen: a) dem ‚klassischen' Faschismus zwischen den Weltkriegen (Deutschland, Italien), b) ‚faschistischen' Regimen mit modernisierenden Funktionen in ökonomisch und sozial rückständigen Ländern (Argentinien unter Perón), c) einem möglichen ‚modernen' Faschismus, der zwar nicht über Parteiarmee, Führer etc. verfügen kann, aber neben offener Gewalt integrative Herrschaftsmethoden einsetzt.

7. Beim ‚klassischen' Faschismus, auf den sich die Diskussion beinahe ausschließlich konzentriert hat, kann seine Entstehung vornehmlich ideologisch und sozialpsychologisch erklärt werden, denn die cui-bono-Frage führt hier nicht sehr weit. Die besondere Situation eines Landes – antidemokratische Tradition einer Revolution von oben und Anwendung bonapartistischer Herrschaftsmethoden – kann Entstehung und Entwicklung der faschistischen Bewegung begünstigen. Wesentlich war aber die vermeintliche oder tatsächliche kommunistische Bedrohung. Die Machtergreifung selber vollzog sich meist in einem Bündnis mit den sozialen Oberschichten; danach gelang es der faschistischen Exekutive, sich gegenüber den Interessen der ökonomisch Mächtigen zumindest temporär und partiell zu verselbständigen.

[...] Angesichts der Fragestellungen und Probleme, die in diesem Überblick über den jetzigen Stand der Faschismusdiskussion vertieft werden konnten, erscheint es mir notwendig, unsere obige 5. „These zum Faschismusproblem" zu erweitern. Bei der Untersuchung einer faschistischen Bewegung muß gefragt werden:

1. Welches sind die Voraussetzungen für das Entstehen, den Aufstieg und die Machtergreifung einer faschistischen Bewegung? Hierzu gehört vor allem die Frage, wann, mit welcher Intensität und mit welchem Erfolg das jeweilige Land

mit der Modernisierung begonnen hat. Der Begriff Modernisierung soll dabei die Wandlungen im ökonomischen und sozialen Bereich, sowie die daraus ableitbaren Auswirkungen auf die politisch-institutionelle Ebene (Parteien, Regierungssystem) und die Ideologie im weitesten Sinne umfassen. Von besonderer Bedeutung sind dabei die sozialpsychologischen Vorgänge und Veränderungen. Hinzu kommen selbstverständlich die Fragen nach der Stärke und Intensität der Rückwirkungen aus dem politisch-institutionellen Sektor (vor allem der Exekutive) auf den ökonomischen und sozialen Bereich.

2. Welche singulären und exogenen Faktoren müssen hinzukommen, um das ‚Umschlagen' aus einer solchen „präfaschistischen" (oder: bonapartistischen) Struktur in den offenen und „manifesten" Faschismus zu erklären? (Krieg und Wirtschaftskrise)

3. Auf welche soziale Basis kann sich die faschistische Bewegung stützen, und welche Schichten kann sie für ihre Ziele mobilisieren? (Mittelstandstheorie)

4. Welche soziale Funktion hat die betreffende faschistische Bewegung? Dieses Problem ist von den marxistischen Faschismustheoretikern oft allzu isoliert und oft sogar allzu personalisierend als Frage nach dem cui-bono behandelt worden. Einige Faschismusforscher haben dabei das Wirken exogener Faktoren der Außen- und Wirtschaftspolitik sowie die internationale Kräftekonstellation nicht hinreichend berücksichtigt.

5. Welches Telos, welche ideologische Zielsetzung propagiert und verfolgt die faschistische Bewegung? Mit der Beantwortung dieser Frage kann man den Faschismus nicht nur in ein „radikal" – und „normal"-faschistisches Stadium einteilen, erst diese Frage kann Aufschluß über das ‚Wesen' des Faschismus geben. Allerdings konnte nur der deutsche Radikalfaschismus seine an sich irrationale, dogmatisch gestörte und utopisch-reaktionäre Zielsetzung weitgehend verwirklichen, weil sich hier die Exekutive zumindest temporär und partiell verselbständigen konnte. Dabei wurde eine teilweise, aber eben nur funktionale Modernisierung nicht nur in Kauf genommen, sondern sogar angestrebt, obwohl dies oft in einem deutlichen Gegensatz zu dem ideologischen Programm der Zeit vor der Machtergreifung stand.

Wippermann, Wolfgang: Faschismustheorien, Darmstadt (Wissenschaftliche Buchgesellschaft) [2]1975, S. 148–150 + S. 172/173 **[45]**

Vgl. Texte 69, 74, 76, 78.

Kühnl: Faschistische Systeme sind nur in relativ entwickelten Industriestaaten möglich — Text 80

Das empirische Material, das der Geschichtsverlauf seit dem Ende des 19. Jahrhunderts darbietet, läßt den Schluß zu, daß faschistische Systeme nur in relativ entwickelten Industriestaaten möglich sind. Nur diese Staaten weisen die Voraussetzungen für die Entstehung einer faschistischen Massenbewegung und die Errichtung eines faschistischen Herrschaftssystems auf: ein durch die Konzentration des Kapitals von Deklassierung bedrohter und zugleich den Druck einer starken Arbeiterbewegung fürchtender „Mittelstand", eine durch Wirtschaftskrisen, soziale Ungerechtigkeit und politische Handlungsunfähigkeit diskreditierte bürgerliche Demokratie und eine nach Sicherung der Gesellschaftsordnung, Niederwerfung der Arbeiterbewegung, Errichtung einer starken

Exekutive und ökonomisch-militärischer Expansion verlangende herrschende Klasse. Auch sind nur entwickelte Staaten in der Lage, ein umfassendes System von Massenorganisationen und Massenpropaganda einerseits und Terror und Unterdrückung andererseits zu errichten, wie es die faschistische Herrschaft kennzeichnet. Industriell unterentwickelte Staaten sind außerstande, ein solch kompliziertes, hochentwickelte Apparate voraussetzendes System zu schaffen. Hier ist die herrschende Klasse auf die herkömmlichen Mittel der Militär- und Polizeidiktatur angewiesen, um ihre Machtstellung gegen oppositionelle Kräfte zu verteidigen. Der Terror, so brutal er im Einzelfall auch sein mag, bleibt punktuell.

Kühnl, Reinhard: Formen bürgerlicher Herrschaft. Liberalismus–Faschismus, Reinbek 1971, S. 156 (rororo aktuell 1342)
Vgl. Texte 75, 81.

Nolte: Faschismus in Entwicklungsländern? — Text 81

Eine Reihe seiner auffallendsten Kennzeichen gibt es freilich immer noch, aber nicht in Amerika und nicht in Europa, sondern in einigen der Entwicklungsländer: gelenkter Volksenthusiasnus um den vergöttlichten Führer, hämmernde und betäubende Propaganda, Verteufelung des Gegners, Uniformierung der Jugend, begeisterte Nabelschau. Diese Regimes sind nicht kommunistisch, und sie fassen ihre Kommunisten in der Regel nicht gerade mit Samthandschuhen an, es fehlen ihnen aber auch die eigentlich charakteristischen Merkmale der europäischen Nationalfaschismen: die Anlehnung an eine bloß geschwächte herrschende Schicht, die kulturkritische Wendung gegen den Demokratisierungsprozeß und das imperialistische Ziel. Sie haben beträchtliche Ähnlichkeit mit den linken Flügeln der europäischen Faschismen, die in den Anfangzeiten regelmäßig eine bedeutende Rolle spielten und dann ebenso regelmäßig ausgeschaltet wurden. Man könnte sie Nationalsozialismen nennen; [...]
Das Ergebnis dieser Überlegungen ist also, daß die Merkmale, deren Vereinigung das Wesen des deutschen Nationalsozialismus und des italienischen Faschismus ausgemacht haben, heute mannigfach verteilt sind und an keiner Stelle das „faschistische Minimum“ erreichen. Dennoch weisen sie auf die Möglichkeit einer neuartigen Erscheinung hin, die man Kontinental- oder Rassenfaschismus nennen kann. Aber wenn man den Begriff des Faschismus nicht seines überlieferten Gehalts entkleiden will, muß man ihn auf die gewaltsame und ideologische Reaktion derjenigen beschränken, die einen Vorrang verteidigen oder zurückgewinnen wollen. Die noch so konzentrierte Kraftanstrengung der Armen, Unterdrückten oder Zurückgebliebenen sollte nicht mit dem gleichen Namen bezeichnet werden.

Nolte, Ernst: Liebten die Massen Hitler? Die Frage nach dem Faschismus, in: Frankfurter Allgemeine Zeitung, 16. 7. 1968
Vgl. Texte 65, 75, 80.

Faschismus – Vorwurf heute — Text 82

Wenn in diesem Land die Toleranzgrenze erreicht scheint, dann nennt man den anderen einfach einen Faschisten. Der Mechanismus ist inzwischen so eingespielt wie die Idioten-Geste des Autofahrers. Das hat pathetisch angefangen mit jenem Ruf „antiautoritärer“ Studenten, daß der Kapitalismus notwendig zum Faschismus führe. Das hört etwas aberwitzig auf mit den Ausführungen des Herrn Habe in der „Welt am Sonntag“, wonach Heinrich Böll eine faschistische Sprache spreche, oder des Herrn Löwenthal im ZDF, wonach Böll den „Linksfaschismus“ stärke. Rechte und Linke gebrauchen, um sich gegenseitig zu stigmatisieren, inzwischen das gleiche Wort: Faschismus. Die Idiosynkrasie, die bei den Rechten (nicht bei den Konservativen oder Liberalen) unübersehbar ist, nämlich den Gegner nicht bei seinem richtigen Namen zu nennen, ihn also als Linksradikalen oder Kommunisten zu bezeichnen, ist eine Sache und hängt mit dem noch immer schlechten Gewissen der Rechten zusammen; denn mitten unter ihnen oder noch ein wenig weiter rechts beginnt in der Tat der Faschismus. Die Arroganz, die Ungenauigkeit vieler Marxisten, ihr uralter Fehler, nämlich jeden Nichtmarxisten auf die Position eines Faschisten zu versetzen, ist eine andere Sache und hängt mit dem zwischen Liberalen und Marxisten seit langem gehenden Lehrstreit über Begriff und Herkunft des Faschismus zusammen.

Karl Heinz Bohrer in der Frankfurter Allgemeinen Zeitung, 28. 1. 1972. Zitiert in: Grützbach, Frank (Hrsg.): Heinrich Böll: Freies Geleit für Ulrike Meinhof. Ein Artikel und seine Folgen. (= pocket 36), Köln (Verlag Kiepenheuer & Witsch) 1972 (hier S. 115) **[46]**

Vgl. Texte 63, 74.

ARBEITSIMPULSE*

1. Was hätten Sie in einem Leserbrief zu der Frage geschrieben, ob man aus der Geschichte lernen könne? (**2**)
2. An welchen Bestimmungen des Grundgesetzes der Bundesrepublik Deutschland läßt sich der Versuch nachweisen, aus den historisch-politischen Erfahrungen der Jahre 1919–1945 zu lernen?
3. Diskutieren Sie am Beispiel von Lenin, Stalin oder Hitler die Rolle einzelner Persönlichkeiten in der Geschichte. Kann man ihnen „historische Größe" zusprechen", und wie würden Sie diese definieren?
4. Stellen Sie Gründe, Verlauf und Folgen der Weltwirtschaftskrise 1929–32 zusammen.
5. Welche Auswirkungen hatte die Weltwirtschaftskrise auf Deutschland (Wirtschaft, Politik)? Gibt es außer der Deflationspolitik noch andere wirtschaftspolitische Mittel zur Bekämpfung einer Inflation?
6. Lassen sich Weltwirtschaftskrisen in der Gegenwart verhindern?
7. Untersuchen Sie die Krisenerscheinungen der Weimarer Republik multikausal (**3, 4, 6**) als
   - Krise der Demokratie und der politischen Parteien,
   - Folgen der wirtschaftlichen Entwicklung,
   - Folgen der politischen Radikalisierung,
   - Folgen der mangelnden Identifizierung mit Staat und Verfassung,
   - Folgen der psychologischen Wirkung von Versailler Vertrag und Inflation,
   - Auswirkungen gesellschaftlicher Faktoren.
8. Stimmen Sie mit dem in Text **4** dargestellten Bild der jüngeren deutschen Geschichte überein?
9. Vergleichen Sie die in Text **5** abgedruckten Erwartungen eines Nationalsozialisten mit den Forderungen des 25-Punkte-Programms der NSDAP von 1920 und mit den nach 1933 tatsächlich durchgeführten Maßnahmen. – Welche Grundgedanken der nationalsozialistischen Weltanschauung sind in Text **5** enthalten?
10. Welche Bevölkerungsschichten wurden durch die NSDAP besonders angesprochen (als Mitglieder, als Wähler)? (**7, 73, 77, 9, 10**)
11. a) Erlaubt die geographische Aufschlüsselung der Wahlergebnisse (**8**) in Kombination mit thematischen Karten über Berufsstruktur, Konfessionen, Arbeitslosigkeit etc. Rückschlüsse auf Anhängerschaft oder Gegner der NSDAP?
    b) Vergleichen Sie diese geographische Verteilung mit Wahlerfolgen rechtsradikaler Parteien in der Bundesrepublik.

* Die Zahlen in Klammern verweisen auf die entsprechenden Nummern der Textsammlung. Zur Vertiefung wird die Benutzung weiterer Texte sowie einschlägiger Bücher, die im Literaturverzeichnis genannt sind, ohne besonderen Hinweis empfohlen.

12. Beschreiben Sie die Stufen der Machtergreifung und Gleichschaltung (**11**).
13. Welche Gefahren wurden – aus der Sicht Hitlers – durch die Ermordung Röhms beseitigt?
14. Entwerfen Sie ein Schaubild über den nationalsozialistischen Führerstaat und vergleichen Sie es mit einer Skizze der Weimarer Verfassung (**11, 13, 14**).
15. Vergleichen Sie auf der Grundlage der Texte **60–62** das nationalsozialistische (**12–14**) und das kommunistische (**39, 41–43**) Herrschaftssystem.
    - Wie sind totalitäre Parteien aufgebaut?
    - Welche Funktion hat der Alleinherrscher, die Einheitspartei oder die Geheimpolizei?
16. Wie leben die Menschen unter totalitärer Herrschaft? (**22, 24, 44, 49, 62**)
17. Welche Rolle wird der Familie im Nationalsozialismus zugewiesen? (**19**)
18. Vergleichen Sie die Erziehungsziele des Nationalsozialismus (**18, 20, 21**) mit denen des Kommunismus (**46**).
19. Welche Aufgaben erfüllt die Propaganda in totalitären Staaten, und welcher Techniken bedient sie sich (**15–17**)?
20. Informieren Sie sich ausführlicher über Gruppierungen, Motive und Ziele der deutschen Widerstandsbewegung gegen Hitler.
21. Setzen Sie sich mit der Problematik des Widerstands auseinander:
    a) Wie wird Widerstand aus juristischer, politischer und theologischer Sicht beurteilt? (**26**) (Vgl. Grundgesetz, Art. 20, Abs. 4)
    b) Kann es eine Widerstandspflicht geben?
    c) Wie weit reicht die militärische Gehorsamspflicht? (**27**)
    d) Auf welche verschiedenen Arten kann sich Widerstand äußern?
22. Interpretieren Sie die Texte und statistischen Angaben zur wirtschaftlichen Entwicklung Deutschlands 1928–1938 (**29, 30, 32–35**) unter den Gesichtspunkten: Beseitigung der Arbeitslosigkeit, Lebensstandard der Bevölkerung, Aufrüstung und Autarkiestreben.
23. Wie wird das Verhältnis zwischen Nationalsozialismus und Großindustrie beschrieben? (**6, 10, 29, 31, 74, 76**)
    Welche Rolle spielt dieses Problem bei der Definition des Faschismusbegriffs?
24. Gibt es für die in der Zeit der nationalsozialistischen Herrschaft im deutschen Namen begangenen Verbrechen eine „Kollektivschuld" des deutschen Volkes?
25. Inwiefern tragen wir noch heute an den Folgen der nationalsozialistischen Herrschaft? (Vgl. hierzu auch die Ploetz Arbeitsmaterialien „Die Deutsche Frage" von Winfried Reichert.)
26. Haben die wirtschaftlichen und sozialen Verhältnisse in Rußland im 19. Jahrhundert das Eindringen revolutionärer Ideen begünstigt?
27. Informieren Sie sich genauer über die Ursachen und Folgen der russischen Revolution von 1905.
28. Welche Gründe gibt es für den Sieg der Bolschewisten 1917? (**38**)
29. Welche Bedeutung haben der Kronstädter Aufstand und der X. Parteitag für die innere Entwicklung Rußlands?

30. Wie war es möglich, daß aus der von Lenin angelegten kollektiven Staats- und Parteiführung die Alleinherrschaft Stalins entstehen konnte?
31. Erklären Sie Stalins Formel vom „Sozialismus in einem Land".
32. Stehen die von Stalin angestrebten Ziele und die von ihm zu deren Erreichung verwendeten Mittel in einem angemessenen Verhältnis zueinander?
33. Bringen Sie die statistischen Angaben zur Wirtschaft der Sowjetunion (**53–55**) in Verbindung zu den Zielen der Mehrjahrespläne (**51**) und den jeweiligen politischen Verhältnissen.
34. Welche Faktoren haben zur Ausdehnung des sowjetischen Machtbereichs in Osteuropa beigetragen?
35. Hat sich in der Sowjetunion die klassenlose Gesellschaft verwirklicht? (**45, 49**)
36. Vergleichen Sie die kommunistischen Zukunftsvorstellungen (**37**) mit der Kritik Kolmans (**49**).
37. Gibt es im Ostblock heute noch totalitäre Herrschaft? (**57, 61, 66**)
38. Grenzen Sie die Begriffe „autoritär" und „totalitär" gegeneinander ab. (**59, 62, 66**)
39. Verfolgen Sie die Entwicklung und Problematik der Totalitarismusforschung (**60–62, 65–67**):
    a) Lassen sich allgemeine Merkmale totalitärer Herrschaft bestimmen?
    b) Soll man den Begriff überhaupt noch verwenden?
    c) Gibt es Grenzen totalitärer Herrschaft?
    d) Soll man bei der Verwendung des Totalitarismus-Begriffs einen Unterschied machen zwischen der Diktatur Stalins in der wirtschaftlich und sozial rückständigen Sowjetunion und der Diktatur Hitlers in einem der fortgeschrittensten Industriestaaten der damaligen Zeit?
40. Zeigen Sie am Beispiel der Verwendung des Totalitarismus- und Faschismus-Begriffs, daß Begriffe der dauernden Veränderung unterliegen und polemisch mißbraucht werden können.
41. Teilen Sie die in Text **68** geäußerten Bedenken bezüglich der staatlichen Kontrollmöglichkeiten der Bürger durch Computer? Recherchieren Sie, welche persönlichen Daten bereits jetzt von den verschiedensten Stellen in Computern gespeichert werden. Verfolgen Sie die Diskussion um den Datenschutz.
42. Warum sind freiheitlich-demokratisches System und totalitäre Herrschaft unvereinbar?
43. Untersuchen Sie die Gemeinsamkeiten und Unterschiede zwischen dem italienischen Faschismus und dem Nationalsozialismus. (**6, 70–72**).
44. Vergleichen Sie die Faschismusdeutungen von C. Zetkin (**73**), der Komintern (**74**) und von R. Kühnl (**76**).
45. Vor welchen Problemen steht die Faschismusforschung? (**79**).
46. Beurteilen Sie die Gründe, weswegen in der aktuellen politischen Diskussion der Totalitarismus- bzw. Faschismus-Vorwurf (**82**) erhoben wird. Greifen Sie einen solchen Vorwurf heraus gegen: a) Politiker in der Bundesrepublik Deutschland, b) die Regierungen der Sowjetunion, der DDR oder der VR China, c) die Regierungen von Chile, Iran oder Brasilien. Ver-

gleichen Sie hierzu die Berichte bzw. Kommentare von Publikationsorganen verschiedener politischer Richtungen.

47. Vergleichen Sie die Beiträge „Faschismus“, „Nationalsozialismus“, „Totalitarismus“ und „Stalinismus“ sowie die Biographien führender nationalsozialistischer, faschistischer und kommunistischer Politiker in verschiedenen Lexika und wissenschaftlichen Nachschlagewerken.

LITERATUR

I. Lexika, Nachschlagewerke

Auszug aus der Geschichte (Der große Ploetz). 28. aktualisierte Auflage. Würzburg 1976

Die moderne Gesellschaft (Der Neue Herder, 12. Bd. Wissen im Überblick). Freiburg 1972

Fraenkel, Ernst – Bracher, Karl Dietrich (Hrsg.): Staat und Politik, Fischer Lexikon 2, Frankfurt/M. Neuausgabe 1964, TB

Görlitz, Axel (Hrsg.): Handlexikon zur Politikwissenschaft, München ²1972 (auch als rororo-TB Nr. 6169/6170)

Hättich, Manfred: Lehrbuch der Politikwissenschaft, 2. Bd.: Theorie der politischen Ordnung, Mainz 1969

Handbuch Politischer Theorien und Ideologien, hrsg. von Franz Neumann, Reinbek 1977 (= rororo Handbuch 6214), TB

Herder Lexikon Geschichte 1, Sachwörterbuch. Freiburg 1977

Herder Lexikon Politik. Freiburg ²1975

Kinder, Hermann – Hilgemann, Werner: dtv-Atlas zur Weltgeschichte, Bd. 2, München 1966 (dtv 3002), TB

Marxistisch-leninistisches Wörterbuch der Philosophie, hrsg. von Georg Klaus und Manfred Buhr, 3 Bde., Reinbek 1972, neubearbeitete und erweiterte Ausgabe Juni 1975 (= rororo Handbuch 6155–57), TB

Sowjetsystem und Demokratische Gesellschaft. Eine vergleichende Enzyklopädie, Freiburg 1966–1972 (Paperback-Ausgabe unter dem Titel: Marxismus im Systemvergleich). Artikel zu diesem Thema: Faschismus (Wolfgang Schieder), Kommunismus (Erwin Oberländer), Nationalsozialismus (Hans Mommsen), Stalin, Stalinismus (Ronald Hingley), Totalitarismus (Leonard B. Shapiro)

Stern, Carola u. a. (Hrsg): dtv-Lexikon zur Geschichte und Politik im 20. Jahrhundert, 3 Bde., München 1974 (dtv 3126–28), TB

II. Quellensammlungen, Dokumentationen

Anger, Walter: Das Dritte Reich in Dokumenten, Frankfurt/M. 1957

Conze, Werner: Der Nationalsozialismus, I: 1919–1934, Stuttgart ⁶1975; II: 1934–1945, Stuttgart 1967

Diemer, Gebhard: Europa zwischen den Weltkriegen, Würzburg 1975 (= Ploetz Arbeitsmaterialien)

Fetscher, Iring: Von Marx zur Sowjetideologie. Darstellung, Kritik und Dokumentation des sowjetischen, jugoslawischen und chinesischen Marxismus, Frankfurt/M. ¹⁷1972 (Neufassung)

Hofer, Walther (Hrsg.): Der Nationalsozialismus. Dokumente 1933–1945, Frankfurt/M. 1957 (Fischer-TB 172 bzw. 6084) zit.: Hofer

Jacobsen, Hans-Adolf – Jochmann, Werner (Hrsg.): Ausgewählte Dokumente zur Geschichte des Nationalsozialismus 1933–1945, Bielefeld 1961
Kampmann, Wanda: Der Faschismus in Italien, Stuttgart 1976
Krink, Alfred: Die NS-Diktatur, Frankfurt/M. [3]1975
Kühnl, Reinhard: Der deutsche Faschismus in Quellen und Dokumenten, Köln 1975
Niemetz, Gerold: Marxismus im 20. Jahrhundert, Freiburg/Würzburg 1977 (= Ploetz Arbeitsmaterialien)
Politische Weltkunde II. Themen zur Geschichte, Geographie und Politik: Nationalsozialismus und Faschismus (Bernd Hey und Joachim Radkau), Stuttgart 1976
Rauch, Georg von: Machtkämpfe und soziale Wandlungen in der Sowjetunion seit 1923, Stuttgart [3]1975
Schönbrunn, Günter (Bearb.): Geschichte in Quellen, Bd. V: Weltkriege und Revolutionen 1914–1945, München 1961
Thomas, Rüdiger: Marxismus und Sowjetkommunismus – Kontinuität und Wandlung, Teil II: Sowjetkommunismus, Stuttgart 1971
Ursachen und Folgen. Vom deutschen Zusammenbruch 1918 und 1945 bis zur staatlichen Neuordnung Deutschlands in der Gegenwart. Eine Urkunden- und Dokumentensammlung zur Zeitgeschichte, hrsg. und bearb. von Herbert Michaelis und Ernst Schraepler unter Mitwirkung von Günter Scheel, Berlin o. J. (hier: Bände IX – XIII)

III. Darstellungen

Bracher, Karl Dietrich: Die Krise Europas 1917–1975 (= Propyläen Geschichte Europas, Bd. 6) Berlin 1976
Bracher, Karl Dietrich: Zeitgeschichtliche Kontroversen. Um Faschismus, Totalitarismus, Demokratie, München [2]1976
Broszat, Martin: Der Staat Hitlers. Grundlegung und Entwicklung seiner inneren Verfassung (= dtv-Weltgeschichte des 20. Jahrhunderts, Bd. 9) München 1969 (dtv 4009), TB
Buchheim, Hans: Totalitäre Herrschaft. Wesen und Merkmale, München [4]1965
Bullock, Alan: Hitler. Eine Studie über Tyrannei, erweiterte Neuausgabe Düsseldorf 1969
Dahrendorf, Ralf: Gesellschaft und Demokratie in Deutschland, München 1971 (dtv 757), TB
Erdmann, Karl Dietrich: Die Zeit der Weltkriege (= Gebhardt, Handbuch der Deutschen Geschichte, 9. Aufl., Bd. 4) Stuttgart 1976
Faschistische Diktatur in Deutschland. Historische Grundlagen, gesellschaftliche Voraussetzungen, politische Struktur (= Politische Bildung Heft 1, Januar 1972) Stuttgart
Fest, Joachim C.: Hitler. Eine Biographie, Frankfurt – Berlin – Wien 1973 (auch als Ullstein-TB 3273/74)
Hardach, Karl: Wirtschaftsgeschichte Deutschlands im 20. Jahrhundert, Göttingen 1976 (= Kleine Vandenhoeck-Reihe 1411)
Informationen zur politischen Bildung, Bonn:
139 (1972): Die Sowjetunion – Land und Wirtschaft
113/115 (1972): Die Sowjetunion 1917–1972
151 (1972): Geschichte Rußlands und der Sowjetunion
160 (1974): Der deutsche Widerstand 1933–1945
Karger, Adolf: Die Sowjetunion als Wirtschaftsmacht, Frankfurt/M. [3]1970
Kühnl, Reinhard: Formen bürgerlicher Herrschaft. Liberalismus – Faschismus, Reinbek 1971 (rororo aktuell 1342), TB
Kühnl, Reinhard (Hrsg.): Texte zur Faschismusdiskussion, I. Positionen und Kontroversen, Reinbek 1974 (rororo aktuell 1824), TB
Mason, Timothy W: Sozialpolitik im Dritten Reich. Arbeiterklasse und Volksgemeinschaft, Opladen 1977
Nolte, Ernst (Hrsg.): Theorien über den Faschismus, Köln – Berlin 1967 (= Neue Wissenschaftliche Bibliothek 21, Geschichte) zit. Nolte, Theorien
Nolte, Ernst: Der Faschismus in seiner Epoche. Die Action française – Der italienische Faschismus – Der Nationalsozialismus, München 1963
Nolte, Ernst: Die faschistischen Bewegungen. Die Krise des liberalen Systems und die Entwicklung der Faschismen (dtv-Weltgeschichte des 20. Jahrhunderts, Bd. 4) München [2]1969 (dtv 4004), TB

Schlangen, Walter: Theorie und Ideologie des Totalitarismus. Möglichkeiten und Grenzen einer liberalen Kritik politischer Herrschaft (= Schriftenreihe der Bundeszentrale für politische Bildung, Heft 92) Bonn 1972

Schultes, Friedrich (Hrsg.): Geschichte, Frankfurt/M. ²1975 (Fischer Kolleg 10), TB

Seidel, Bruno – Jenkner, Siegfried (Hrsg.): Wege der Totalitarismus-Forschung (= Wege der Forschung, Bd. CXL) Darmstadt 1968, zit: Seidel/Jenkner

Wippermann, Wolfgang: Faschismustheorien. Zum Stand der gegenwärtigen Diskussion (= Erträge der Forschung, Band 17) Darmstadt ²1975

FACHWÖRTER

Achse Berlin–Rom. Von Mussolini geprägter Begriff, der die am 15. 10. 1936 vereinbarte deutsch-italienische politische Zusammenarbeit bezeichnet. Vertiefung durch den Beitritt Italiens zum Antikominternpakt (1937) und den Abschluß des Stahlpaktes (Militärbündnis 1939).

Aktivismus. Das Betonen der zielbewußten Willenstätigkeit bei der Gestaltung von Kultur und Gesellschaft.

Anarchismus (Anarchie, griech. „Herrschaftslosigkeit", „Gesetzlosigkeit"). Erstrebt eine herrschafts- und autoritätslose Ordnung der Gesellschaft, Selbstgestaltung des menschlichen Zusammenlebens nach freiem Ermessen des einzelnen, letztlich Aufhebung des Staates überhaupt.

Antikominternpakt. Vertrag zwischen dem Deutschen Reich und Japan über die gemeinsame Abwehr gegen die Kommunistische Internationale, vom 25. 11. 1936. 1937 Beitritt Italiens.

Autarkie. Wirtschaftliche Unabhängigkeit eines Landes durch Selbstversorgung.

Bolschewiki (Russ. „Mehrheitler"). Bezeichnung für den Teil der 1903 gespaltenen Russischen Sozialdemokratischen Arbeiterpartei, der unter Führung Lenins auf dem Londoner Parteitag bei einer Abstimmung eine Mehrheit erhielt (vgl. Menschewiki).

Chauvinismus. Übersteigerter Vaterlandsstolz.

Demokratischer Zentralismus. Von Lenin entwickeltes maßgebliches Organisationsprinzip für den Partei- und Staatsaufbau in den kommunistisch regierten Ländern. Enthält (seit 1934) folgende Elemente: 1. Wählbarkeit aller Organe. 2. Rechenschaftspflicht aller Organe gegenüber den Wählern und übergeordneten Organen. 3. Straffe Disziplin und Unterordnung der Minderheit unter die Mehrheit. 4. Unbedingte Verbindlichkeit der Beschlüsse übergeordneter Organe. – In der Praxis bislang Vorrang der zentralistischen Komponente und viele Manipulationsmöglichkeiten für die Führung.

Deutsche Arbeitsfront (DAF). Im November 1933 von Robert Ley nach Auflösung der Unternehmerverbände und Gewerkschaften gegründeter nationalsozialistischer Einheitsverband der Arbeitgeber und Arbeitnehmer.

Diktatur. Unumschränkte Herrschaft eines einzelnen oder einer Gruppe. Manchmal auch in der parlamentarischen Demokratie für die Ausnahmesituation des Staatsnotstandes vorgesehen (vgl. Art 48 WRV).

Dolchstoßlegende. Nach dem 1. Weltkrieg von nationalistischen Kreisen verbreitete fälschliche Darstellung der Ursachen des dt. Zusammenbruchs 1918: ein politisch linksstehender Teil der Heimatbevölkerung sei dem „im Felde unbesiegten" Heer in den Rücken gefallen.

Drittes Reich. Seit dem Mittelalter in der theologisch-politischen und philosophisch-politischen Spekulation immer wieder erwartetes Idealreich der Zukunft; in fälschlicher Anlehnung an das so betitelte Buch von Arthur Moeller van den Bruck gewählte Selbstbezeichnung des NS-Regimes.

Duce. (Italien. „Führer"). Titel Mussolinis: Duce del fascismo.

Emigration. *Äußere:* Auswanderung einzelner oder von Gruppen aus religiösen, rassischen oder politischen Gründen freiwillig oder als Verfolgte. *Innere:* Begriff für die innere Abkehr jener Gegner des Nationalsozialismus, die Deutschland nicht verließen, sich aber aus dem öffentlichen Leben zurückzogen und damit gegen das Regime protestierten.

Entstalinisierung. Abkehr vom Stalinismus, eingeleitet durch Chruschtschows Geheimrede auf dem XX. Parteitag der KPdSU (1956). Beseitigung des Personenkults und seiner Folgen. Verurteilung der Gewaltmethoden Stalins.

Fasces. Bei den Römern die von den Liktoren getragenen Rutenbündel mit Beil als Zeichen der Gewalt über Leben und Tod. Ein Symbol des italienischen Faschismus.

friedliche Koexistenz. Von kommunistischen Staaten vertretenes außenpolitisches Prinzip des Nebeneinanders von Staaten mit unterschiedlicher gesellschaftlicher und staatlicher Ordnung.

Gestapo („Geheime Staatspolizei"). 1933 aus der preußischen politischen Polizei entstanden. Hatte die Aufgabe, alle staatsgefährlichen Bestrebungen zu erforschen und zu bekämpfen. Nicht an Recht und Gesetz gebunden, konnte „Schutzhaft" verhängen, foltern und exekutieren.

Gleichschaltung. 1933/34 in Deutschland vollzogene Vereinheitlichung des politischen, wirtschaftlichen und kulturellen Lebens im Sinne der Ziele des Nationalsozialismus.

Hitler-Jugend (HJ). 1926 gegründete Jugendorganisation der NSDAP, später Staatsjugend des Dritten Reiches mit Pflichtmitgliedschaft (seit 1939). Untergliederungen: 10–14 Jahre: Deutsches Jungvolk (DJ), Deutsche Jungmädel (DJM); 14–18 Jahre: Hitler-Jugend (HJ), Bund Deutscher Mädel (BDM).

Hitler-Stalin-Pakt. Deutsch-sowjetischer Nichtangriffspakt vom 23. 8. 1939 mit geheimem Zusatzprotokoll. Abgrenzung der beiderseitigen Interessensphären in Osteuropa (bes. Polen). Ermöglichte den deutschen Angriff auf Polen am 1. 9. 1939.

Kader. Im kommunistischen Sprachgebrauch Bezeichnung für alle wichtigen Funktionäre.

Kolchos. Im Verlauf der Zwangskollektivierung in der Sowjetunion zwischen 1929 und 1931 gebildeter landwirtschaftlicher Genossenschaftsbetrieb. Der K. besitzt alles Land und Inventar, die Arbeit wird nach den geleisteten Arbeitstagen bezahlt. Eine kleine Hofparzelle darf privat genutzt werden.

Kollektivierung. Überführung von bisherigem Privateigentum an Produktionsmitteln in gesellschaftliches (Kollektiv-)Eigentum, z. B. im Bereich der Landwirtschaft: Kolchos.

Komintern. Kurzwort für Kommunistische Internationale (1919 gegr. III. Internationale). Weltorganisation der Kommunistischen Parteien zur Vorbereitung der Weltrevolution. Selbstauflösung im Mai 1943.

Komsomol. Kommunistischer Jugendbund. 1918 gegründet. Umfaßt als politische Jugendvereinigung der Sowjetunion die 14–26jährigen. 9–14 Jahre: Junge Pioniere.

Konkordat. Vertrag zwischen einem Staat und dem Heiligen Stuhl (Vatikan), z. B. 1929 Italien (Lateranverträge), 1933 Deutsches Reich.

Kulaken. Schimpfwort für die russischen Großbauern, die im Zusammenhang mit der Kollektivierung der Landwirtschaft „als Klasse liquidiert" wurden.

Menschewiki (Russ. „Minderheitler"). Analog zu den Bolschewiki die Gruppe, die 1903 in der Minderheit war. Sie widersetzten sich dem straffen Zentralismus der Leninschen Kaderpartei und vertraten demokratische Prinzipien. Nach der Februarrevolution in der Provisorischen Regierung vertreten, nach dem Sieg der Bolschewiki im Oktober 1917 ausgeschaltet.

New Deal. In den USA 1933 von Präsident F. D. Roosevelt eingeleitete Wirtschafts- und Sozialpolitik zur Überwindung der Wirtschaftskrise, u. a.: Staatliche Notstandsprogramme zur Bekämpfung der Arbeitslosigkeit, erste Eingriffe des Staats in die Wirtschaft der USA.

Nürnberger Gesetze. Rassengesetze vom 15. 9. 1935: Diskriminierende Vorschriften gegen die Juden (Verlust der bürgerlichen Gleichberechtigung, Verbot rassischer Mischehen).

Reichsnährstand. 1933/34 errichtete öffentlich-rechtliche Gesamtkörperschaft der deutschen Landwirtschaft.

Reparationen. Den Besiegten eines Krieges auferlegte Geld- oder Sachleistungen als Ausgleich für Kriegsschäden der Sieger (z. B. durch den Versailler Vertrag).

SA („Sturmabteilung"). Politische Kampftruppe der NSDAP, vor 1933 hauptsächlich als Terror- und Propagandainstrument eingesetzt. Ihr Stabschef Röhm forderte 1934 eine „Zweite Revolution" und wollte SA und Reichswehr zu einem Milizheer verschmelzen. Am 30. 6. 1934 wurde Röhm von Hitler in Bad Wiessee festgenommen und mit zahlreichen anderen SA-Führern und zusammen mit Gegnern des Nationalsozialismus ermordet. Die SA büßte ihre politische Rolle ein und wurde ein der vor- und nachmilitärischen Ausbildung dienender Verband.

SD. („Sicherheitsdienst" [des Reichsführers SS]). Nationalsozialistischer Nachrichtendienst zur Überwachung gegnerischer Parteien und Organisationen und möglicher Opposition in den eigenen Reihen.

Sowchos. Staatsgut in der Sowjetunion. Landarbeiter werden wie Industriearbeiter entlohnt. Kein privat nutzbares Hofland.

Sowjets (Russ. „Räte"). Ursprünglich Bezeichnung für die Arbeiter- und Soldatenräte der russischen Revolutionen von 1905 und 1917.

Heute in der Sowjetunion Name der Träger der Staatsgewalt, der Behörden und Organe auf örtlicher, regionaler und Staatsebene, die gewählt, in der Kandidatenaufstellung aber von der KPdSU bestimmt werden.

SS („Schutzstaffel"). Zunächst ein halbmilitärischer Kampfverband der NSDAP, 1925 zum persönlichen Schutz des „Führers" aus der SA abgesondert. Unter Führung von Heinrich Himmler als „Reichsführer SS" zunehmend Entwicklung zu einer Sonderformation mit eigener politischer Zielsetzung, vielfältigen Aufgaben und großer Machtfülle. „Waffen-SS", 1939/40 gebildet, kämpfte im Rahmen des Heeres, war aber kein Teil der Wehrmacht.

Volksgerichtshof. 1934 im Deutschen Reich gebildetes Sondergericht zur Aburteilung von Hoch- und Landesverrat und anderer politischer Straftaten als erste *und* letzte Instanz.

WRV. Weimarer Reichsverfassung von 1919.